Wenn frühe Wunden schmerzen

Cornelia Faulde

Wenn frühe Wunden schmerzen

Glaube auf dem Weg zur Traumaheilung

Matthias-Grünewald-Verlag · Mainz

Der Matthias-Grünewald-Verlag ist Mitglied
der Verlagsgruppe engagement

Die Deutsche Bibliothek – CIP-Einheitsaufnahme

Ein Titeldatensatz für diese Publikation ist bei Der Deutschen Bibliothek erhältlich.

Umschlag: Harun Kloppe, Mainz
Satz/DTP: Redaktionsbüro Werkmeister, Mainz
Druck und Bindung: Druckhaus Beltz, Hemsbach
ISBN 3-7867-2366-4

Inhalt

Vorwort

Seit geraumer Zeit scheint die Psychologie das Thema „Trauma"
neu entdeckt zu haben. Unterschiedliche gesellschaftliche Strömun-
gen und kulturelle Entwicklungen spielen herein: ein verstärktes Interesse am Langzeitschicksal von Opfern der Shoa, von Nazi-Opfern
und von Nachkommen beider auf der einen Seite; die auf feministi-
schem Boden erwachsene Forschung zum Missbrauch von Frauen
und Kindern, zur Gewalt in Familien auf der anderen Seite, um nur
zwei markante Auslöser zu nennen. Eine Fülle von Veröffentlichun-
gen ist auf dem Markt, um einer offensichtlich vorhandenen Nach-
frage zu entsprechen.

Eher selten stößt man in diesem steinigen und anspruchsvollen
Feld auf den mutigen Versuch, nicht bloß belastende Erlebnisse,
schreckliche Erfahrungen und wissenschaftliche Erklärungen oder
Theorien zu bieten, sondern ausdrücklich auch der Frage nachzu-
gehen, welche Wege des Verstehens, der Hilfe und Begleitung der
christliche Glaube dort zur Verfügung stellen kann, wo „frühe Wunden schmerzen ..."

Frau Faulde legt mit ihrem Buch keinen spektakulären Reißer
vor. Mit großer Ruhe und einem darin spürbaren Tiefgang nähert
sie sich dem lange umschwiegenen, heiklen Thema früher Traumatisierung, ihren fatalen Folgen und möglichen Bewältigungsweisen.
Äußerst behutsam, unaufgeregt und zurückhaltend taucht das eigene verletzte Ich auf, unaufdringlich, allmählich immer deutlicher
werdend bis zur klaren, solidarischen Identifizierung im „wir". Also
keine exibitionistische Selbstenthüllung erwarten die Leserin, den
Leser, vielmehr ein gerüttelt Maß an solidem psychologischem Wissen über die heutige Traumaforschung.

Geboten wird das ohne trockene Theorie, eher erzählend und
einfühlsam, dennoch gründlich, ausgewogen und höchst differenziert, immer wieder angereichert mit anschaulichen Beispielen.

Schon das allein wäre viel, doch das Besondere dieses Buches
wäre damit noch gar nicht erfasst: Der Autorin gelingt es, die Fülle
dieses Hintergrundwissens auf der Basis eigener Erfahrungen ganz
unverkrampft und organisch mit religiösen Vorstellungen, bibli-

schen Bildern und theologischen Gedanken zusammenzubringen. Religion und Glaube, das ist hier nicht etwas, was die harte Realität, das fruchtbare, bis an den Lebensrand führende Erleben traumatisierter Menschen zudeckt, übertüncht oder verschönernd umlügt. In den behutsamen Annäherungen, die Frau Faulde für die langwierigen Leidens- und Heilungswege vorschlägt, scheint – bei aller nüchterner Skepsis gegen allzu eilfertige Beschwichtigungen und wohlfeile „Lösungen" – ein letztes, tragendes Vertrauensfundament auf und lässt trotz allem Dunklen und Schweren einen Hoffnungsschimmer erahnen.

So nimmt der Aufbau des Buches auch uns Leser und Leserinnen behutsam an die Hand: Nach einer psychologischen Durchleuchtung folgen auf den einzelnen Weg-Stationen vom Trauma zu denkbaren Weisen der Bewältigung oder Heilung zunächst jeweils religiöse Zugänge und Verknüpfungen mit der Tiefensicht des Glaubens, bevor dann in einem dritten Schritt eine jeweils passende „spirituelle Wegbegleitung" angeboten wird, konkret in Gestalt von sorgfältig ausgewählten Gebeten und Meditationsvorschlägen. Auch wenn das eine oder andere „Gebet" – aus großer persönlicher Betroffenheit formuliert – vielleicht nicht unmittelbar nachzuempfinden sein mag: Es herrscht keine Nötigung, es sind lediglich Angebote zur Auswahl, manche freilich von suggestiver Kraft, ergreifend.

Erfreulich an diesem – wie man spürt – persönlich durchlebten und durchgearbeiteten Buch, das so ganz ohne Jargon, sei es aus der Psychologie oder Theologie, auskommt, ist nicht zuletzt, dass es Klartext redet. Wohltuend differenziert werden religiös-kirchliche Verirrungen kritisiert. Und wo es um das „alte" Thema, das Verhältnis von psychischer Heilung und spirituellem Heil geht, da erfreut es den Pastoralpsychologen, dass beides klar unterschieden wird, somit auch unrealistische psychotherapeutische und religiöse Ansprüche oder esotersich-spiritualistische Verheißung entschieden in ihre Schranken verwiesen werden.

Über alles Schreiben hinaus wird hier jene gelebte Empathie greifbar, die auf den langen Leidens- und Heilungswegen unseres verletzlichen Selbst Vergebung, Trauer und neue Hoffnung ermöglichen hilft. Von dieser tiefen Einfühlung legt Frau Fauldes Buch beredetes Zeugnis ab. Denn hier spricht jemand, die weiß, wovon sie redet, und daher vermag sie uns Leser und Leserinnen psychologisch, religiös und theologisch zu bereichern.

Trier, im Oktober 2001   Prof. Dr. Heribert Wahl

Einleitung

Es gibt Ereignisse, die das Leben eines Menschen von einem Tag auf den anderen grundlegend verändern können. Vielleicht ist es ein Unfall, eine Operation, eine schwere Krankheit oder ein Gewaltverbrechen, die plötzlich in unser Leben hereinbrechen und einen tiefen Riss im Inneren verursachen, der auch noch dann spürbar bleibt, wenn die äußeren Wunden verheilt sind. Während die Welt außen weiter geht, bleibt die Zeit im Inneren stehen. Die Angst, der Schrecken, der Schmerz und die tiefe Verunsicherung, die das ursprüngliche Ereignis ausgelöst hatte, pflanzen sich weiter ins Leben fort und können z. B. in Form von Albträumen, Angstzuständen, Depressionen oder sonst nicht erklärbaren körperlichen Symptomen das Leben noch für Monate und Jahre beeinträchtigen. Solche Ereignisse, die wegen ihrer Heftigkeit und Plötzlichkeit, die psychische Bewältigungsfähigkeit eines Menschen überfordern und bleibende Spuren in der Seele hinterlassen, werden in der Psychologie „Trauma" genannt.

Ein Trauma verändert das Erleben eines Menschen stark und trifft ihn in seiner körperlichen, seelischen, geistigen und spirituellen Dimension. Judith Herman, eine Therapeutin, die sowohl mit Opfern des Holocausts als auch mit Opfern familiärer Gewalt gearbeitet hat, stellt fest: „Traumatische Ereignisse zersetzen die Bindungen an Familie, Freunde, Partner und Nachbarn, sie zerstören das Selbstbild, das im Verhältnis zu anderen entsteht und aufrechterhalten wird. Sie untergraben das Wertesystem, das der menschlichen Erfahrung Sinn verleiht. Sie unterminieren das Vertrauen des Opfers in eine natürliche oder göttliche Ordnung und stoßen es in eine tiefe existenzielle Krise."[1]

Besonders verletzbar gegenüber solchen bedrohlichen Ereignissen sind wir in der Phase der Kindheit. Zusätzlich zu den Gefährdungen durch Unfälle und Krankheiten erleiden Kinder auch heute noch in ihren Familien häufig körperliche und sexuelle Gewalt. Diese Erfahrungen sind besonders schwer zu bewältigen, weil es sich

---

[1]   Herman, S. 77.

meist nicht nur um einmalige Ereignisse handelt, sondern um eine dauernde Bedrohung, die in einer Atmosphäre familiärer Spannung und mangelnder Fürsorge stattfindet. Sie bedeuten gleichzeitig, dass Kinder an dem Ort, an dem sie am meisten auf Schutz und Fürsorge angewiesen sind, keine Geborgenheit finden. So wird ihrer Entwicklung zu selbstbewussten und starken Persönlichkeiten großer Schaden zugefügt. Die verhängnisvollen Auswirkungen solcher Verhältnisse zeigen sich manchmal sofort, oft aber werden sie auch erst im Laufe des Lebens erkennbar, weil es zunächst gelingt, diese Ereignisse zu verdrängen oder zum Teil auch zu vergessen. Es gilt, was die Schriftstellerin Christa Wolf im Nachdenken über die Kindheit entdeckt: „Das Vergangene ist nicht tot; es ist nicht einmal vergangen. Wir trennen es von uns ab und stellen uns fremd."[2] Dieses Abtrennen und Fremdstellen kann einen Schutz bedeuten, aber auch die Wurzel tiefer psychischer Probleme wie unerklärlicher Ängste und Depressionen sein. In diesem Buch werden diese frühen Verletzungen im Vordergrund stehen, weil sie die weit reichendsten Folgen für das Selbst- und Weltbild, aber auch für die religiöse Dimension unseres Lebens haben.

Doch es hat auch immer wieder Bemühungen gegeben, diese tiefen Wunden zu heilen. Die Psychotherapie beschäftigt sich seit etwa hundert Jahren mit den Auswirkungen traumatischer Ereignisse auf die Seele des Menschen. In den letzten 20 Jahren sind die Zusammenhänge zwischen Erfahrungen realer Bedrohung und seelischen Erkrankungen immer deutlicher geworden, und es wurde das Krankheitsbild der „posttraumatischen Belastungsstörung" entwickelt, das die vielfältigen Beeinträchtigungen des Lebens traumatisierter Menschen zusammenfasst. Diese Forschungen endeten aber zum Glück nicht mit der Beschreibung der Symptome, sondern zeigten auch einen Weg zur Heilung dieser tiefen Verletzungen auf.

Obwohl die Ausformung dieses Weges von Mensch zu Mensch und Therapie zu Therapie sehr verschieden ist, verläuft er doch in ähnlichen Phasen, in denen es jeweils bestimmte Aufgaben zu bewältigen gilt. Trotz unterschiedlicher therapeutischer Ansätze beginnt der Prozess der Heilung zumeist mit dem Bemühen, eine

---

2 Wolf, S.9.

grundlegende Stabilität wieder zu erlangen und eine therapeutische Beziehung aufzubauen. Dann kann, wo es therapeutisch sinnvoll erscheint, eine Phase folgen, in der die Erinnerungen an die traumatischen Ereignisse wieder belebt und bearbeitet werden. Schließlich geht es darum, die traumatischen Ereignisse in das Leben zu integrieren und einen neuen Bezug zu sich selbst und seiner Umgebung zu finden.[3]

Dieser Weg kostet viele Anstrengungen und ist mit sehr viel Schmerz und Leid verbunden. Bei lange in die Kindheit zurück reichenden Verletzungen nimmt er oft Jahre in Anspruch. Er beinhaltet immer eine sehr intensive Auseinandersetzung mit sich selbst und seiner Umgebung, und führt sehr oft zu grundlegenden Fragen nach dem letzten Grund und Sinn unseres Daseins.

Welche Rolle aber kann der Glaube für den einzelnen Menschen auf dem Weg der Traumaheilung spielen? Die tiefe Verunsicherung, die ein Trauma im Selbsterleben und im Erleben der Welt auslöst, berührt auch die geistige und spirituelle Dimension des Menschseins. Wenn Traumaheilung in einem umfassenden Sinn verstanden wird und beinhaltet, seine eigene Identität wieder zu finden, wenn sie die Frage nach dem Sinn des erfahrenen Leids einschließt, und die Suche nach Trost und Hoffnung auslöst, dann führt sie unmittelbar zu den Fragen, die in den Bereich des Religiösen gehören. Religion kann den therapeutischen Prozess nicht ersetzen und vielleicht noch nicht einmal erleichtern oder beschleunigen. Sie kann diesen Prozess jedoch begleiten, ihm eine größere Breite und Tiefe geben und ihn in einem größeren Sinnzusammenhang verwurzeln. Religion führt über das von Therapie Erreichbare weiter in einen Bereich, der nicht mehr zum Aufgabenfeld der Psychotherapie gehört, weil dort von einem umfassenderen Heil und Heilsein die Rede ist, als es das Ziel therapeutischen Bemühens sein kann.

Es muss jedoch vor überzogenen Erwartungen an den Glauben gewarnt werden, die zu gefährlichen Enttäuschungen führen können. Trotz Überlappungen und gegenseitiger Unterstützung sind die Ziele der Psychotherapie und der Religion nicht identisch: Es gibt ein religiöses und spirituelles Heil, das inmitten von Ängsten und

---

3   Vgl. Herman, S. 216.

Depressionen Bestand hat, aber diese psychischen Leiden auch nicht beseitigt. Und es gibt auch das Freisein von psychischen Beeinträchtigungen, das noch kein Heil im religiösen Sinne ist.

Gerade dem drängendsten Problem traumatisierter Menschen, der Angst, steht die Religion oft machtlos gegenüber, auch wenn es in biblischen Texten so oft heißt: „Fürchtet euch nicht." (Lk 2,10) Traumatische Ängste sind dieser Botschaft meist nicht zugänglich, weil sie ihren Ursprung in verdrängten lebensgeschichtlichen Erfahrungen haben, die sich einem bewussten Zugang und auch unseren bewussten Glaubensüberzeugungen entziehen. Den Zugang zu dieser Form des Unbewussten zu schaffen, ist Aufgabe der Psychotherapie. Der Glaube kann jedoch dabei helfen, die nötige Ich-Stärke für die Verarbeitung des Verdrängten zu erreichen und das Geschehene zu verstehen.

Wer täglich mit Ängsten und Depressionen ringt, für den liegt die befreiende Kraft des Glaubens vermutlich oft in weiter Ferne. Das bittere Leid der traumatischen Erfahrung und seine quälenden Folgen vernichten oft auch das Vertrauen in Gott. Die drückende Last der von Gewalt verseuchten Vergangenheit kann den Zugang zu Religion und Spiritualität völlig verschütten. Wie in anderen Bereichen auch, gilt es, sich diesen Teil des Lebens langsam, aber stetig zurück zu erobern.

Wie aber sieht der Beistand aus, den der Glaube auf dem Weg der Traumaheilung leisten kann? Weil ein erlittenes Trauma das Menschsein in seiner körperlichen, emotionalen, geistigen und spirituellen Dimension beschädigt, muss auch die Unterstützung durch den Glauben sehr vielschichtig sein. Er kann helfen, in der Sprachlosigkeit des Leids den eigenen Gefühlen eine Stimme zu geben, er stellt lebensfeindliche Denkmuster in Frage und vermittelt alternative Vorstellungen von einem gelungenen Leben. Gegen die Isolation der Opfer setzt er ein Angebot von Gemeinschaft, gegen die Verzweiflung über die Grausamkeit der Menschen eine Vision von Solidarität und Heil. Trauer und Schmerz über erlittene Verletzungen nimmt er nicht fort, aber er ermöglicht in allem Leid doch die Erfahrung von Trost und einer tiefen Geborgenheit.

Dieses Buch soll Hilfestellung geben, den Beistand des Glaubens zu entdecken. Dazu habe ich diejenigen Inhalte des christlichen

Glaubens aufgegriffen, die in den jeweiligen Phasen der Traumaheilung eine besondere Aktualität besitzen. Weil der Verstand aber nicht den einzigen und vielleicht auch nicht den wichtigsten Beitrag zur Heilung leisten kann, gebe ich auch praktische Anregungen zum Gebet und zur Meditation, die auch unsere emotionale Seite einbeziehen.

Ob Glaube einen wichtigen Beitrag zur Heilung beitragen kann, hängt auch davon ab, ob christliche Gemeinschaft als ein Ort erfahrbar ist, an dem traumatische Erfahrungen Beachtung und solidarische Anteilnahme finden. Häufig behindern Unkenntnis und die Tabuisierung von Gewalterfahrungen, dass diese Lebenssituationen in den Gemeinden aufgegriffen werden. Zudem stoßen leider gerade Frauen bei der Suche nach spirituellem Heil noch immer auf sehr subtile Formen der Unterdrückung, in denen alte Traditionen patriarchalischen Denkens fortwirken. Dieses Denken kann in verhängnisvoller Weise sogar Gewalt begünstigen[4], und bildet oft ein Hindernis dafür, dass christliche Gemeinschaften schon als „sichere Orte" erfahren werden. Aber es gibt auch Ansätze für eine „verbündete Kirche", die sich für Menschen mit Gewalterfahrungen einsetzt und einen Raum für heilsame Erfahrungen bieten will. Auch hier gilt es, sich auf einen langen Weg zu begeben.

Dieses Buch entstand auf dem Weg meiner eigenen Heilung. Als ich es begann, war es zunächst ein Buch für mich selbst. Ich versuchte darin, mir selbst Halt und Orientierung zu geben, indem ich mich auf das besann, was für mein Leben vor meiner Krise wichtig gewesen war, und ich beschäftigte mich wieder sehr intensiv mit meinem Glauben und der Theologie, die für mein Leben richtungweisend war. Das Trauma, das meine psychische Krise auslöste, ereignete sich im Erwachsenenalter, aber es riss auch sehr tiefe Wunden auf, die bis in meine Kindheit zurück reichten, mir jedoch bis dahin nicht bewusst gewesen waren. Vieles in diesem Buch entspricht eigenen Erfahrungen, aber ich habe in der Therapie und in einer Selbsthilfegruppe auch andere Betroffene kennen gelernt, deren Geschichten ebenfalls in das Buch eingeflossen sind. Stellvertretend möchte ich vor allem Erika und Andrea für ihre Anregungen

---

4   Vgl. die Studie von Reese, S. 105ff.

zu diesem Buch danken. Neben den persönlichen Erfahrungen hat mir auch die Auseinandersetzung mit theoretischen Ansätzen im Rahmen meiner Lehr- und Unterrichtstätigkeit an der Fachhochschule für Sozialpädagogik und an verschiedenen Krankenpflegeschulen gerade für die Bereiche Gewalt gegen Frauen und Trauerverarbeitung wichtige Impulse gegeben.

Einen großen Teil meiner Einsichten verdanke ich auch meiner Therapie, obwohl meine Suche nach einer angemessenen Hilfe zunächst sehr schwierig und belastend war, und leider auch die Erfahrung beinhaltete, dass eine nicht sorgfältig und behutsam durchgeführte Therapie selbst zum Trauma werden kann. Dennoch fand ich schließlich eine verständnisvolle therapeutische Begleitung, in der ich sehr viel Unterstützung und Wohlwollen erfahren habe.

Aber auch eine sehr gute Therapie ist keine ausreichende Voraussetzung zur Heilung. Heilung von den Lasten der Vergangenheit ist nur möglich, wenn in der Gegenwart Sicherheit, Geborgenheit und mitmenschliche Nähe erlebt werden können. Ich danke deshalb vor allem meinem Mann Joachim, der mir auch in den äußerst belastenden Phasen den wichtigsten Beistand gegeben hat, und meinen Freundinnen Elisabeth und Heike, bei denen ich immer ein offenes Ohr für meine Probleme gefunden habe.

Für meinen Glauben war es wichtig, in dieser schwierigen Zeit in der Kirche kleine Nischen zu finden, in denen ich über meine Situation sprechen konnte. Aber es hat mir auch geholfen, in einer Gemeinde integriert zu sein, in der die wichtigsten Grunderfahrungen des Glaubens, wie die Sehnsucht nach Heil, Hoffnung auf Verwandlung, Schuld und Erlösung auf eine vielfältige und lebendige Weise zur Sprache gebracht und im Leben präsent gemacht wurden.

I. Die Last früher Verletzungen

A. Das psychische Erbe der Kindheit

1. Verborgenes Leid

Wer als Erwachsener unter psychischen Problemen wie Ängsten oder Depressionen leidet, hat es oft nicht leicht, die Ursachen seiner Schwierigkeiten zu erkennen und ahnt vielleicht nur schwach, dass die Ursprünge seines Leids bis in seine Kindheit zurück reichen können. Oft ist es eine aktuell schwierige Situation, wie der Verlust des Partners oder des Arbeitsplatzes, ein Wohnortwechsel oder eine schwere körperliche Erkrankung, die deutlich werden lassen, dass die psychischen Kräfte bereits zu angegriffen oder zu wenig entfaltet sind, um die Krise meistern zu können.[1] Ein Zusammenhang mit frühen Lebenserfahrungen ist jedoch nicht immer auf den ersten Blick sichtbar. Vielleicht gibt es Erinnerungen an Konflikte, Gewalt oder sogar sexuellen Missbrauch, aber dennoch ist es vielen Menschen nicht bewusst, dass diese Ereignisse ihnen geschadet haben könnten.

Es mag dennoch tief im Innern ein unbestimmtes Gefühl geben, dass etwas nicht in Ordnung ist, wie es eine Frau mit folgenden Worten beschreibt: „Erinnerungen sind wie eine Zeitbombe. In vielen von uns liegen sie, und wir wissen gar nicht, was in uns verschüttet ist. So leise und fast unhörbar ticken sie... Und dann ganz plötzlich ist irgendein Satz, ein Bild, ein Zimmer, ein Mann, eine Berührung, die uns überrumpelt. Es kommt ganz unerwartet, wir sind nicht wachsam genug, und da ist die Explosion: Alle unterdrückten Gefühle und Erinnerungen überschwemmen uns, unsere

---

[1] Vgl. Herman, S. 159–160.

Abwehr hält nicht stand, und wir stehen all dem gegenüber, was uns angetan wurde – genau das wollten wir vermeiden."[2]

Mit dieser Ahnung einer inneren Bedrohung leben viele Menschen, die in ihrer Vergangenheit Erfahrungen von Ohnmacht, Angst und Gewalt gemacht haben. Während andere Menschen Verlusterfahrungen in der Lebensmitte als schmerzlich, aber auch als bewältigbar erleben, ändert sich die Situation, wenn die eigene Leistungsfähigkeit und Stärke, die Partnerschaft oder die Anerkennung im Beruf den Schutzwall gegen frühe Verletzungen und Gefühle der Unsicherheit, Angst und Wertlosigkeit bilden. Wenn dieser Schutzwall Risse bekommt, können wir plötzlich von den vergessenen Gefühlen überschwemmt werden oder aber unser inneres System reagiert mit Erstarrung und Depression. Nicht wenige fliehen in einer solchen Situation in Tabletten-, Alkohol- oder Drogenkonsum, um die inneren Verletzungen nicht spüren zu müssen oder sie wenigstens erträglicher zu machen.[3]

Diese Reaktionen der Überflutung mit Ängsten und Gefühlen der Erstarrung zeigen sich auch bei Erwachsenen, die eine Situation der äußersten Gefahr wie z.B. einen Unfall, ein Gewaltverbrechen oder kriegerische Auseinandersetzungen erlebt haben. Auch für viele von ihnen gilt, dass das Leben nach einem solchen einschneidenden Ereignis nicht einfach weitergeht, und die Spuren der Angst und Bedrohung bleiben, obwohl die Situation der Gefahr vorüber ist. Dass ein Ereignis zum Trauma geworden ist, zeigt sich daran, dass die qualvollen Gefühle, z.B. der Angst, des Schmerzes und der Wertlosigkeit, die in einer vergangenen Situation ihren Ursprung hatten, wieder und wieder erlebt werden und nicht abgeschüttelt werden können.

Die Folgen von Gewalterfahrungen in der Kindheit sind oft weniger offensichtlich und eindeutig. Kindern fehlt vor allem in jüngeren Jahren noch die bewusste Wahrnehmung dessen, was mit ihnen geschieht, sie können sich oft noch nicht genügend artikulieren, um ihr Leiden ihrer Umwelt deutlich zu machen, und sie stecken nicht selten in dem Dilemma, dass die einzigen Personen ih-

---

[2]   Kavemann, Lohstöter, S. 53.
[3]   Herman, S. 68.

20

res Vertrauens zugleich die Täter sind. Dies sind einige der Gründe, warum es z.B. sehr schwer ist, sexuellen Missbrauch von außen her zu diagnostizieren. Auffälliges Verhalten, Aggressivität, Schlafstörungen, Ängste, soziale Isolation und Depression können viele Ursachen haben. Bei weitem nicht alle Kinder, die von Misshandlung und Missbrauch betroffen sind, werden klinisch auffällig, doch wäre es ein Trugschluss, zu glauben, sie hätten diese Erfahrungen deshalb unbeschadet überstanden. Zwar entwickeln viele Kinder Überlebensstrategien, um diese bedrohlichen Ereignisse zu überstehen, doch werden oft erst langfristig schwere Störungen der psychischen Entwicklung sichtbar.[4]

Es gibt zudem sehr große Unterschiede bei den Auswirkungen von Gewalttaten auf den einzelnen Menschen. Die Dauer und Intensität, mit der wir als Kind unter Gewalt zu leiden hatten, spielt eine Rolle, und auch das Alter, in dem ein Kind betroffen ist, hat offenbar Einfluss auf die Schwere seiner Verletzungen. Günstige Voraussetzungen in der Umwelt, z.B. andere liebevolle Erwachsene, bei denen ein Kind Verständnis und Trost findet, Freundschaften oder positive Schulerfahrungen, können den Schaden für die Entwicklung eines Kindes abmildern.[5]

Andererseits sind die Spätfolgen nicht unbedingt einzelnen Schlägen zuzuschreiben. Sie sind oft nur ein Ausdruck einer Familiensituation, in der Kindern auf Dauer zu wenig Liebe, Geduld und Förderung erfahren, stattdessen ständig kritisiert, überfordert und bestraft werden, zudem noch andere Belastungsfaktoren (u.a. Ehekonflikte oder die sozialen und materiellen Probleme allein Erziehender) hinzukommen.[6] Auch diese Formen der psychischen Gewalt führen zu lang dauernden Verletzungen.

Obwohl in den letzten Jahren dieses Problem zunehmend in den Blickpunkt des Interesses gerückt ist und erst vor kurzem das elterliche Recht auf körperliche Bestrafung gesetzlich aufgehoben wurde, ist Gewalt gegen Kinder eine noch immer weit verbreitete gesellschaftliche Realität. Rückwirkende Befragungen in sozialwissen-

---

[4]   Vgl. Bundesministerium für Familie, Senioren, Frauen und Jugend, S. 116.
[5]   Eine Übersicht über Faktoren, die eine verstärkte Verwundbarkeit oder Widerstandskraft zur Folge haben, findet sich bei Scheithauer/Petermann, S. 3–14.
[6]   Engfer, S. 966.

schaftlichen Untersuchungen legen nahe, dass die heutige Generation junger Erwachsener im Laufe der Kindheit zu 9,4% körperliche Misshandlung und zu 6,2% sexuelle Misshandlung mit Körperkontakt erlebt hat. Bei älteren Erwachsenen liegen diese Zahlen noch höher.[7] Seelische Verletzungen, die auf Vernachlässigung, Gleichgültigkeit, dauerndes Kritisieren und Abwerten und andere belastende Erziehungsbedingungen zurückgehen, sind mit Zahlen kaum zu erfassen. Auch wer selbst betroffen ist, gewinnt oft erst langsam ein Gespür dafür, in welchem Maß die Erfahrungen der Kindheit Spuren im Innern hinterlassen haben und für psychische Spätfolgen verantwortlich sind.

Doch die Tendenz zur Verharmlosung und Verleugnung dieser Tatbestände ist groß. Niemand hat großes Interesse daran, diese Fakten zu benennen: Wer selbst betroffen ist, schämt sich, diese Verletzungen zuzugeben, um nicht aus dem Bereich des Normalen herauszufallen. Täter fördern das Vergessen, um ihre Schuld und Verantwortlichkeit zu leugnen. Aber auch die nicht direkt betroffenen Menschen ignorieren diese Sachverhalte gern, weil sie sonst zu Parteilichkeit und Engagement herausgefordert wären und vielleicht auch selber zugestehen müssten, wie sehr sie von den ungleichen Machtverhältnissen zwischen Kindern und Erwachsenen, Männern und Frauen profitieren.

Wenn die Auswirkungen früher Erfahrungen von physischer und psychischer Gewalt unterschätzt werden, liegt dies aber auch daran, dass die menschliche Psyche eine Reihe von Schutzmechanismen zur Verfügung hat, die die Auswirkungen solcher Belastungen abmildern und sie für lange Zeit verborgen halten können.

2. Abgespaltene Gefühle

Um in einer bedrohlichen und belastenden Atmosphäre zu überleben, entwickeln Menschen oft erstaunliche Fähigkeiten und Kräfte. Auch Kinder, die in schwierigen familiären Verhältnissen aufwachsen, verfügen über eine Reihe von Schutzmechanismen, die es ih-

---

[7]   Vgl. Bundesministerium für Familie, S. 108.

22

nen ermöglichen, in der schweren Phase der Kindheit ihr Überleben zu sichern. Die Ergebnisse der Stressforschung, die in den letzten Jahrzehnten versucht hat herauszufinden, welche Bedingungen und Verhaltensweisen Menschen helfen können, außergewöhnliche Belastungen zu ertragen, haben auch zur Erklärung der Reaktionsweisen von Kindern auf familiäre Konflikte beigetragen.

Einer der wichtigsten Schutzmechanismen in sonst unerträglichen Situationen ist das Verdrängen und Abspalten bedrohlicher Gefühle. „Wenn die Sache passierte, hatte ich das Gefühl, dass mein Kopf zum Fenster hinauswanderte", beschreibt eine Frau später ihre Reaktion auf sexuellen Missbrauch.[8] Während es erwachsenen Opfern von Gewalt meistens gelingt, eine Erinnerungsspur an das traumatische Ereignis zu erhalten und auch die damit verbundenen Gefühle noch wahrzunehmen, wird bei einem Kind z.B. das Wissen gespeichert, dass es geschlagen wurde (und auch nicht einmal das immer), aber das Leiden an der Misshandlung wird meist unbewusst bleiben.[9] Ein Kind braucht die Erfahrung, von seinen Eltern geliebt und angenommen zu sein und in einem geschützten, geborgenen Umfeld zu leben, so sehr, dass es um jeden Preis an der Überzeugung festhält, von guten Menschen umgeben zu sein. Erfahrungen, die dieser Sicht der Welt widersprechen, können von ihm nicht wirklich erfasst und wahrgenommen werden.

Bei sehr schweren und lang andauernden Misshandlungen kann es schließlich zu einem häufigen spontanen Verlassen der Realität oder auch zu der Ausformung mehrerer Persönlichkeiten in einem Menschen kommen.[10] Das Kind, das geschlagen wird, und das Kind, das zur Schule geht, bilden dann keine Einheit mehr, und werden vielleicht sogar mit unterschiedlichen Namen bedacht. Aber auch in weniger drastischen Fällen bewirkt die Abspaltung von Gefühlen, dass kein sicheres Gespür für die eigene Identität entsteht.

Im Gegensatz zum erwachsenen Opfer von Gewalt, ist dem Kind, das in seiner eigenen Familie zum Opfer wird, eine wichtige Reaktionsweise verwehrt, bei der es sein Ich erhalten könnte. Es ist

---

[8]   Lison, S. 60.
[9]   Miller, S.139.
[10] Herman, S. 144.

nicht innerlich frei, seine Peiniger zu hassen. „Es darf seinen Vater nicht hassen, das geht ja aus dem vierten Gebot hervor und wurde ihm von klein auf anerzogen, aber es kann ihn auch nicht hassen, wenn es Angst haben muss, seine Liebe zu verlieren, und es will ihn gar nicht hassen, weil es ihn liebt.“[11]

Die Einsicht, dass es von bedrohlichen Menschen umgeben ist, kann von einem Kind, das zu seiner Entfaltung die Erfahrung eines liebenden Du braucht, im tiefsten Inneren nicht akzeptiert werden. Angst, Wut und Hass, die solche Übergriffe der Gewalt hervorrufen müssten, dürfen gegenüber dem misshandelnden Erwachsenen nicht ausgedrückt werden. Noch wichtiger aber ist es, dass das Kind sie nicht einmal sich selbst gegenüber akzeptieren kann. Zu seiner Entwicklung braucht es Menschen, auf die es sich verlassen kann und von denen es sich angenommen fühlt. Gewaltausübung durch die Erwachsenen, denen das Kind anvertraut ist, stellt diese Grundlagen einer gesunden Entwicklung in Frage. So kapselt es diese Erfahrungen in sich ein, bis eine schwierige Lebenssituation das Erbe der Angst und des Selbstzweifels zum Vorschein bringt.

3. Bewältigungsstrategien

Dennoch schaffen es Kinder oft unter erheblichen Anstrengungen, sich allen äußeren Bedingungen zum Trotz ein Gefühl von Sicherheit und Anerkennung zu verschaffen. Am Beispiel von Kindern in Alkoholikerfamilien, die fast immer in einer Atmosphäre der Angst, Bedrohung und Vernachlässigung leben müssen und oft auch Opfer von Gewalt werden, sind verschiedene Rollenmuster identifiziert worden, die Kindern in dieser schwierigen Situation als Bewältigungsmuster dienen. Fast alle entwickeln ein seismografisches Einfühlungsvermögen für andere, weil ihre Sicherheit davon abhängt, dass sie sich jeder Situation anpassen können. Ein Teil der Kinder fällt durch große Kompetenzen und ein starkes Verantwortungsgefühl für andere auf und wird sehr früh erwachsen. Andere Kinder verhalten sich sehr still, brav und unauffällig, um nicht ins Kreuz-

---

[11] Miller, S. 141.

24

feuer von Kritik zu geraten. Es gibt jedoch auch den umgekehrten Weg, dass Kinder durch auffälliges Verhalten die Eltern von den eigenen Problemen ablenken. Sie spielen dann entweder die Rolle des Sündenbocks oder des Familienmaskottchens.[12]

Auch wenn es der Druck der Verhältnisse ist, der diese Verhaltensmuster prägt, liegen darin Stärken, die auch im späteren Leben hilfreich sein können. Einfühlungsvermögen und Verantwortungsbewusstsein sind zunächst einmal sehr positive Eigenschaften, die die Grundlage sozialer Kompetenz bilden. Problematisch ist vor allem der Zwang, an diesen Rollen festhalten zu müssen, um nicht von Gefühlen der Angst und Wertlosigkeit überwältigt zu werden. Sie sind aus der Not geboren und orientieren sich nicht an den eigenen Bedürfnissen. Wer in Partnerschaften und Arbeitsverhältnissen nur nach den Rollenmustern der Kindheit überleben kann, bleibt womöglich sein Leben lang in unbefriedigenden wenn nicht gar unterdrückerischen Verhältnissen gefangen.

Andere Fähigkeiten werden nicht in dem Maße entwickelt, dass ein zufriedenes Leben möglich ist. Vor allem das Vertrauen zu sich selbst und anderen wird durch Erfahrungen von Gewalt zutiefst beeinträchtigt. Ein Trauma ist immer ein Erleben tiefer Ohnmacht und Hilflosigkeit und stellt die eigene Fähigkeit, sein Leben selbst in die Hand zu nehmen und zu gestalten, grundlegend in Frage. So kann sich das Gefühl verfestigen, selbst über nichts bestimmen zu können und immer ein ohnmächtiges Opfer bleiben zu müssen.[13] Das Selbstwertgefühl wird dadurch sehr beeinträchtigt.

Außerdem ist die Beziehung zu anderen Menschen oft gestört, weil das nicht verarbeitete Trauma wie ein inneres Alarmsystem reagiert, das Vertrauen unmöglich macht. Es herrscht ein Grundmuster steter Wachsamkeit, um nur keine Enttäuschung zu erleben. Weil jedes Verhalten eines anderen sehr misstrauisch wahrgenommen und oft in einer negativen Weise missdeutet wird, bekommen andere das Gefühl, nichts recht machen zu können. Kleine Missverständnisse können große Bedeutung erlangen und als Ausdruck einer feindlichen Einstellung aufgefasst werden. Die unterdrückte

---

[12]   Vgl. Lambrou, S. 138–158.
[13]   Vgl. Herman, S. 79.

Wut kann sich an kleinen Anstößen entzünden, und dann mit großer Heftigkeit hervorbrechen. So ist das Zusammenleben mit einem unter einem Trauma leidenden Partner sehr schwer, aber es ist auch für traumatisierte Menschen sehr schwer, eine befriedigende Partnerschaft aufzubauen.[14]

Vor allem die Erfahrung eines sexuellen Traumas hinterlässt auch Spuren im sexuellen Bereich. Wer seinen Körper nicht als zu sich gehörig betrachtet, kann nur schwer eine sexuelle Beziehung eingehen. Die vertrauensvolle Hingabe, die zu einer befriedigenden Sexualität gehört, ist nicht möglich. Andere haben Sexualität als den einzigen Weg erfahren, sich Zuneigung zu verschaffen, und sind deshalb auf eine stete Bestätigung durch sexuelle Kontakte angewiesen. Häufiger ist jedoch das umgekehrte Verhalten, das im Vermeiden jeder tiefen Intimität besteht. Es gibt nicht wenige Frauen, in deren Sexualleben der Vater nicht nur der erste Mann war, sondern der einzige geblieben ist.[15]

Dennoch wird die Auseinandersetzung mit schmerzhaften Kindheitserfahrungen meist lange vermieden. Es gibt zwar ein Gefühl, dass irgendetwas nicht in Ordnung ist. Vielleicht sind wir in manchen Situationen überängstlich, oder wir haben das Gefühl, nicht richtig mit anderen Menschen in Kontakt zu kommen und isoliert zu sein, aber wir vermeiden es, genauer über die Ursache dieser Schwierigkeiten nachzudenken.

Wenn jedoch die Bewältigungstrategien nicht funktionieren oder die innere Abwehr einen Riss bekommen hat, treten die psychischen Lasten der Vergangenheit vollends in Erscheinung. Depressionen und Ängste, Schlafstörungen und Albträume sind einige von einer Vielfalt von Symptomen, die nun auftreten und einen völligen Umbruch im Lebensgefühl eines Menschen bewirken können. Um nicht andauernd diesen quälenden Gefühlen ausgesetzt zu sein, fliehen nicht wenige Betroffene in Sucht oder Selbstmord.

Ob die Folgen unmittelbar nach dem Erleiden des Traumas oder erst später beim Zusammenbruch der inneren Abwehr sichtbar werden, ändert nichts daran, dass solche Lebensereignisse einen Men-

---

[14] Vgl. Herman, S. 155.
[15] Vgl. Wirtz, S. 96–97.

schen in jedem Bereich seiner Existenz einschränken und belasten können, und im äußersten zum Verlust seiner Identität und seines Lebens führen. Ein Gedicht von H. Domin beschreibt sehr treffend den tiefen Fall ins Nichts, den ein solcher unerwarteter Einbruch unentrinnbaren Leids auslösen kann.

Wen es trifft

Wen es trifft,
der wird aufgehoben
wie von einem riesigen Kran
und abgesetzt
wo nichts mehr gilt,
wo keine Straße
von Gestern nach Morgen führt.
Die Knöpfe, der Schmuck und die Farbe
werden wie mit Besen
von seinen Kleidern gekehrt.
Dann wird er entblößt
und ausgestellt.
Feindliche Hände
betasten die Hüften.
Er wird unter Druck
in Tränen gekocht
bis das Fleisch
auf den Knochen weich wird
wie in den langsamen Küchen der Zeit.
Er wird durch die feinsten
Siebe des Schmerzes gepreßt
und durch die unbarmherzigen
Tücher geseiht,
die nichts durchlassen
und auf denen das letzte Korn
Selbstgefühl
zurückbleibt.

                   Hilde Domin

B. Versperrte Zugänge zur Religiosität

1. Die schwierige Beziehung zu Gott

Eine Kindheit in einer von Gewalt geprägten Atmosphäre, die Erfahrung, missachtet, vernachlässigt und in seinen Grenzen verletzt worden zu sein, ist kein guter Nährboden für eine befreiende und hoffnungsvolle Religiosität. Wenn Religiosität bedeutet, ein grundlegendes Vertrauen in die sinnhafte Ordnung der Welt zu haben, wenn sie das Gefühl der liebevollen Verbundenheit mit der Schöpfung, den Menschen und einer personalen Kraft, die dies alles umfängt und trägt, beinhaltet, dann sind das Erfahrungen, die sich auf dem Hintergrund einer traumatischen Lebensgeschichte nur schwer erschließen lassen. Denn zu sehr stehen sie im Widerspruch mit dem alltäglichen Gefühl der Angst und Isolation, das zu dem Erbe des Traumas gehört. Die Blockade der Spiritualität führt einmal mehr zu der bitteren Erkenntnis von Erfahrungen, die anderen Menschen zugänglich sind und ihnen Kraft und Inspiration vermitteln, ausgeschlossen zu sein.

Weil religiöse Haltungen und Einstellungen zuerst im Elternhaus vermittelt werden, hinterlässt die dort herrschende Atmosphäre tiefe Spuren in der Religiosität eines Menschen. Religiöse Zeichen und Bilder gewinnen ihren heilenden und befreienden Charakter erst durch das Umfeld, in dem sie vermittelt werden. Eine Mutter, die sich vor dem Zubettgehen liebevoll mit ihrem Kind beschäftigt und dabei mit ihm betet, vermittelt ihm neben Urvertrauen auch einen Zugang zur Welt von Symbolen, die auf eine größere Kraft und umfassendere Geborgenheit hinweisen.[16] Diese Symbole geben dem Kind Zugang zu einer größeren Gemeinschaft, in der es zusätzlichen Halt finden kann. Umgekehrt kann eine sehr rigide und lieblose Erziehung auch im religiösen Bereich tiefe Spuren hinterlassen.[17] Religiöse Vorstellungen können eher negativ wirken, wenn

---

[16] Vgl. Wahl, S. 462.
[17] Dass angstbereitende Gottesbilder nicht in erster Linie auf religiöse Unterweisung, sondern auf eine ängstigende, zu wenig liebevolle Erziehung zurückgehen, zeigt Jaschke, S. 18ff.

sie durch autoritäre und patriarchalische Inhalte und eine entsprechende Vermittlung geprägt sind.

Die niederländische Theologin Annie Imbens-Fransen hat in vielen Beratungsgesprächen mit von sexuellem Missbrauch oder ehelicher Gewalt betroffenen Frauen festgestellt, dass diese häufig an einem destruktiven Gottesbild leiden. Zeichnungen, die diese Frauen über ihre Gottesvorstellungen anfertigten, zeigen, dass sie Gott meist weit über sich und den Gewalttäter zwischen sich und Gott sahen.[18] Zudem gaben sie Gott oft die Züge des Gewalttäters, sodass er als bedrohend, alles beherrschend, nicht greifbar und Furcht erregend gesehen wird. Imbens-Fransen weist darauf hin, dass die Abkehr vom Glauben noch nicht die Spuren, die ein destruktives Gottesbild im Selbstbild einer Frau hinterlassen hat, beseitigt.[19] Auch in der Ablehnung bleibt die Art des Gottesbildes unverändert, sodass die Möglichkeiten der Heilung, die in einem befreienden Gottesbild liegen, ungenutzt bleiben. Die notwendige Abkehr vom Gott der Väter hinterlässt eine Leere, die nur sehr schwer neu gefüllt werden kann.

Die Theologin Catherine Foote beschreibt in einem Gebet die Schwierigkeit, Gott zu vertrauen, wenn die eigene Lebenserfahrung von Zurückweisung und Missachtung geprägt ist. Sie zeigt darin den tiefen Zwiespalt zwischen der Sehnsucht nach einem fürsorglichen und liebevollen Gott, der heilt, und der Angst vor Zerstörung, die sich aus kindlichen Erfahrungen speist.

Zerbrochenheit

Eines Tages brachte ich ein zerbrochenes Spielzeug
zu meinem Vater. Ging geradewegs zu ihm
das Spielzeug in der Hand.

Ich schaute ihn an,
streckte meine Hände aus.
„Kannst du es heil machen?" ...

---

[18]   Imbens-Fransen, S. 34.
[19]   Imbens-Fransen, S. 44.

Er nahm mein kleines wehrloses Spielzeug,
bastelte daran herum mit betrunkenen Händen,
und er zerbrach es so sehr, dass es nicht mehr zu reparieren war.
Als ich es retten wollte,
stieß er mich beiseite...

Gott, manchmal fühle ich mich zerbrochen.
Ich bringe mein zerbrechliches Leben zu dir,
gehe geradewegs auf dich zu, mein Leben in der Hand.
„Können wir es heil machen?"
Ich halte meinen Atem an und warte, was du tun wirst.

Nach Catherine Foote

Das Gebet zeigt, dass der selbstverständliche Rückhalt in einem Schutz und Geborgenheit vermittelnden Gottesbild auf dem Hintergrund gewalttätiger Kindheitserfahrungen nicht möglich ist. Es ist aber auch ein Beispiel dafür, dass trotz widriger Voraussetzungen ein behutsames Vortasten auf ein liebendes Du gewagt werden kann. Dieses vorsichtige Vorgehen, das Hoffen und Wagen wider gegenteilige Erfahrung, ist wohl die einzige Art, in der eine neue Gottesbeziehung entstehen kann. Für diesen Weg spricht, dass sonst ein wichtiger Teil des eigenen Lebens verloren geht, und die heilenden Aspekte einer möglichen Gottesbeziehung ungenutzt bleiben. So schreibt Carola Moosbach über ihre Suche nach einer befreienden Religiosität: „Die Frau schämte sich dafür, Gott zu brauchen. Schließlich aber begriff sie, dass sie sich ihren Stolz nicht leisten konnte. Sie konnte es sich nicht leisten, ihren Vater zum Sieger zu erklären und das Leben für sinnlos. Sie konnte es sich nicht leisten, auf Gott zu verzichten."[20]

Für manche ist durch die Erfahrungen der Kindheit jedoch das im Christentum so wichtige Gottesbild des „Vaters" untauglich geworden, die Beziehung zu Gott auszudrücken. Dann können vielleicht andere, weibliche Gottesbilder entdeckt werden, in denen

---

[20] Moosbach, S. 15.

Geborgenheit und Liebe zum Ausdruck kommt, und die ebenfalls biblischen Ursprungs sind, obwohl sie lange Zeit vernachlässigt wurden.[21] Es mag sogar sein, dass jede personale Vorstellung von Gott schwierig ist. Wenn die Erfahrungen mit Menschen zu schlecht sind, können auch andere heilsame Symbole für Gott stehen. So wird Gott z.B. auch als „Licht" (Jh 8,12), als „lebendige Quelle" (Jer 2,13) oder als „Burg, in der ich mich berge" (Ps 91,2) bezeichnet. Meditationen, die diese Bilder aufgreifen, können den Zugang zu einer Spiritualität eröffnen, die nicht von vergangenen Verwundungen belastet ist.

Es braucht aber Zeit und Geduld, um dorthin zu gelangen und um Nischen zu finden, in denen diese Art von Spiritualität gepflegt und gelebt wird. Manchen fällt es schwer, sich auf ein neues befreiendes Gottesbild einzulassen, weil sie befürchten, es sich damit zu leicht zu machen. Sie müssen sich zuerst selbst die Erlaubnis geben, sich von dem Gott der Kindheit loszusagen.[22] Dies bedarf sicherlich oft auch der Unterstützung von außen. Wir können aber auch Gott selbst bitten: „Stoß ihn vom Thron Gott, den Götzen meiner Kindheit, schwemm es hinweg Gott das Gift in deinem Namen."[23]

2. Im Konflikt mit christlichen Werten und Idealen

Eine weitere Belastung in der Beziehung zur Religion besteht für Menschen mit schwierigen Kindheitserfahrungen darin, dass sie manchen Vorstellungen von dem, was ein guter Christ ist, nicht gerecht werden können. So sind die christlichen Gebote, die Eltern zu ehren und immer zur Vergebung bereit zu sein, für viele angesichts ihrer tiefen Leiderfahrungen jenseits der Realisierbarkeit. Wer die Vergangenheit in Angst- und Ohnmachtsgefühlen stets gegenwärtig hat, ist mit dem Umgang mit den Tätern und der Forderung nach Vergebung überfordert. Diese Ideale können allenfalls in einer spä-

---

[21] Solche Bilder finden sich z.B. in: Mollenkott, 1985.
[22] Vgl. Jaschke, S. 80.
[23] Moosbach, S. 31.

teren Phase der Heilung Bedeutung erlangen und werden deshalb in einem späteren Kapitel ausführlich aufgegriffen.

Aber es gibt noch weitere Lebensbereiche, in denen christliche Ideale mit den von der Kindheit beeinflussten Verhaltensmustern in einem Spannungsverhältnis stehen. Der erste Bereich betrifft die christliche Lehre, dass alles Leben wertvoll und schützenswert ist. Wer jedoch häufig an Selbstmord denkt, alkohol-, drogen- oder medikamentensüchtig ist, achtet das eigene Leben nicht in dem geforderten Maße. Trunksucht galt aus christlicher Sicht immer als ein verwerfliches Laster, Selbstmord wurde lange Zeit als Todsünde betrachtet. Für Menschen, die unter starken Angstzuständen oder Depressionen leiden, erscheinen diese selbstzerstörerischen Verhaltensweisen jedoch oft als der einzige Ausweg aus ihrer hoffnungslosen Situation.

Der zweite Bereich betrifft die Sexualität, für die noch immer das Ideal einer lebenslangen Ehe gilt, die außerdem noch auf Kinder ausgerichtet ist. Gerade der Aufbau dauerhafter und befriedigender Partnerschaften kann jedoch für Menschen mit Gewalterfahrungen, auch wenn sie nicht sexueller Art waren, eine große Schwierigkeit darstellen. Einige können sich überhaupt nicht auf eine Partnerschaft einlassen, weil ihnen die Fähigkeit zu vertrauen und der Zugang zum eigenen Körper fehlt. Viele gehen nur oberflächliche Beziehungen ein oder scheitern in ihren Bemühungen, in einer gelungenen Paarbeziehung Halt zu finden.[24] Das Scheitern solcher Beziehungen hinterlässt jedoch nicht nur im persönlichen Bereich eine schmerzliche Leere, sondern grenzt oft auch aus dem Kreis der aktiven Christen aus. Auch das Ja zu Kindern kann schwer fallen, weil das Vertrauen in die eigene Liebesfähigkeit zu gering ist oder die Angst vor der Wiederholung der eigenen Kindheitsmuster zu groß.

Wir selbst erleben das Scheitern an solchen Idealen von gelungener Partnerschaft und dem Erhalt unseres Lebens und unserer Gesundheit schmerzhaft, wenn diese Ideale etwas enthalten, was wir selbst als geglücktes Leben ansehen. Unser eigenes Verhalten kann

---

[24] Eine ausführliche Darstellung der Auswirkungen sexueller Gewalt auf spätere Partnerbeziehungen findet sich bei Wirtz, S. 92–108.

uns dagegen als Form des Versagens erscheinen, weil es unseren eigenen Ansprüchen nicht genügt. Fatal wäre es jedoch, sich dann auch noch mit Selbstvorwürfen zu überschütten. Vom psychologischen Standpunkt betrachtet sind diese schädlichen Verhaltensweisen, wie unbefriedigende Partnerschaften oder Sucht Bewältigungsstrategien, durch die Menschen die Lasten des Traumas zu verarbeiten suchen. Wenn wir die ungeheure Vernichtungskraft des Traumas berücksichtigen, muss jeder Weg, der zunächst wenigstens hilft, zu überleben, positiv gewertet werden, auch wenn es in einer Therapie später darum gehen kann, diese das Lebensglück und die Verantwortlichkeit einschränkenden Verhaltensmuster zu überwinden.

In der christlichen Ethik gibt es einen Grundsatz, der darüber entscheidet, welche Normen für uns als einzelne in unserer konkreten Situation Geltung haben. Er lautet: „Sollen setzt Können voraus" und besagt, dass uns nur die Gebote und Normen betreffen, zu deren Einhaltung wir fähig sind.[25] Wir sind nur zu dem verpflichtet, wozu wir mit unserer Lebensgeschichte und unseren Verletzungen in der Lage sind. Jeder muss für sich selbst entdecken, wo seine Freiheit und seine Lebensmöglichkeiten durch die tiefen seelischen Verletzungen, die er erlitten hat, eingeschränkt wurden. Oft ist die Hilfe anderer Menschen und einer Therapie notwendig, um die inneren Zwänge, die das Handeln bestimmt haben, zu erkennen und zu überwinden. Letztlich kann jedoch nur unser eigenes Gewissen uns sagen, wo wir hätten mehr oder besser handeln können, und wo wir unser Bestes gegeben, aber doch nicht das Gute erreicht haben. Für alle anderen Menschen gilt: „Richtet nicht, damit auch ihr nicht gerichtet werdet" (Mt 7,1).

Die psychologischen Einsichten von der Einschränkung der freien Entscheidung haben auch dazu beigetragen, dass in christlichen Kirchen heute Trunksucht nicht als Laster, sondern als Krankheit verstanden wird, dass Selbstmörder eine kirchliche Beerdigung erhalten können, wenn ihre Entscheidung durch eine psychische Erkrankung beeinflusst wurde, und dass in der katholischen Kirche Ehen annulliert werden können, wenn psychische Schwierigkeiten vorliegen.

[25] Vgl. Schüller, S. 212.

Mehr als diese theoretischen Überlegungen kann jedoch vielleicht eine Geschichte aus dem Neuen Testament helfen, mit der eigenen fehlgeleiteten Suche nach Heilung in zerbrechlichen Beziehungen oder verschiedenen Süchten umzugehen. Im Johannesevangelium (4,1–26) wird von einer Begegnung zwischen Jesus und einer Frau berichtet, die ebenfalls schon sehr lange auf der vergeblichen Suche nach dem Glück ist. Die Frau lässt sich auf ein Gespräch mit Jesus ein und zeigt damit, dass sie offen und auf der Suche nach etwas ist, das ihr Leben erfüllt. Im Verlauf des Gesprächs zeigt sich, worin sie bisher die Erfüllung ihres Lebens gesucht und nicht gefunden hat. Fünf Männer hat sie gehabt, und dennoch antwortet sie auf die Frage Jesu nach ihrem Mann, sie habe keinen Mann. Damit gesteht sie zu, dass auch ihre neueste Beziehung zu einem Mann keine echte Bindung darstellt. Die Begegnung mit Jesus öffnet ihr die Augen für diese Realität in ihrem Leben. Obwohl ihr Verhalten sie aus der damaligen Gesellschaft ausgrenzt, wendet sich Jesus jedoch nicht ab, sondern er sagt ihr, dass sie durch ihn „lebendiges Wasser" finden kann. Und sie, die solange vergeblich nach ihrem Glück gesucht hat, ergreift die Gelegenheit, ihr Leben zu ändern.[26]

Diese Geschichte enthält zwei Elemente, die zu einem heilsamen Umgang mit Erfahrungen des Scheiterns und Versagens dazu gehören. Den ersten Beitrag leistet die Frau selbst, die zugibt, dass sie ist, wie sie ist. Sie beschönigt nichts, sie redet nicht drum herum, sie gibt ihr Scheitern zu. Aber erst die Reaktion ihres Gegenübers vollendet den Prozess des Neubeginns, der sich in der Selbsterkenntnis der Frau anbahnte. Jesus verurteilt nicht, er ermahnt nicht, ihm ist das Eingeständnis der Realität genug, um ihr sein Heil anzubieten. So wird die Erfahrung, mit allen Fehlern und Schwächen angenommen zu sein zum Schlüssel, der die Tür zur einer neuen Zukunft öffnet.

Wenn uns diese Erfahrung von Menschen auch oft verweigert wird, können wir doch darauf bauen, von Gott angenommen zu sein. Allen Irrwegen zum Trotz, die wir gegangen sein mögen, um mit unserem Leben fertig zu werden, gibt es die Chance zum Neubeginn.

[26] Eine ausführliche psychologische Deutung dieser Schriftstelle findet sich bei Niggemeier, S. 116ff.

3. Glaubensverlust durch Angst und Depression

Selbst wenn in der Kindheit und Jugend eine Halt gebende Religiosität aufgebaut werden konnte, ist es möglich, dass sie unter dem Druck psychischer Leiden zusammenbricht. Der Verlust des Glaubens oder die Unfähigkeit, sich auf den Glauben vertrauend einzulassen, hängen eng mit der Eigenart traumatischer Erfahrungen selbst zusammen. Wenn wir in der Bibel immer wieder den Aufruf hören: „Fürchtet euch nicht!" (Lk 2,10), dann sind dies Worte, die in uns, solange wir noch an den Folgen psychischer Verletzungen leiden und von Albträumen, quälenden Erinnerungen und Phobien niedergedrückt werden, große Sehnsucht auslösen. Gleichzeitig fühlen wir jedoch den Schmerz, dass für uns diese Haltung der vertrauensvollen Hingabe auf Grund des psychischen Leidens lange Zeit unerreichbar ist.

Eine Theologin, die eine schwere Depression erlebte, schilderte die Beeinträchtigung des Glaubens durch psychische Erkrankung folgendermaßen: „Mein Verstand und mein Wille mochten ihn (den Glauben) wohl weiterhin bejahen, aber für mein Herz war er unerreichbar. Er war kein Trost, keine Antwort auf verzweifelnd quälende Fragen, keine Hilfe, wenn ich nicht weiter wusste. Ja, im Gegenteil: Nicht der Glaube trug mich, sondern ich musste noch den Glauben tragen."[27] Dass dies keine einzelne Erfahrung ist, sondern eng mit der Eigenart der Erkrankung selbst zusammenhängt, wird durch den Psychologen E. Ringel bestätigt. Er stellt es als das tragische Phänomen einer tiefen psychischen Erkrankung heraus, dass sie durch die verzerrte Wahrnehmung aller Werte auch die religiösen Bezugssysteme unterhöhlt, auf deren Hilfe man in dieser Situation so dringend angewiesen wäre.[28]

In dieser Situation kann es ein großer Trost sein, diese Erfahrung, Gott nicht mehr spüren zu können, in der Bibel selbst ausgesprochen zu finden. Wenn die eigene Kreativität erlischt und die Gefühle selbst nicht mehr in Worte gefasst werden können, ist es sehr erleichternd, diese Gefühle in einem vorgegebenen Text wieder

[27] Weber-Gast, S. 32f.
[28] Vgl. Ringel, 1976. S. 1423.

zu finden. Dies mildert das Empfinden, allein zu sein, bringt erstarrtes Denken ein wenig in Bewegung und hilft, die eigene Sprachlosigkeit zu überwinden.

Ein Text, der für Menschen in tiefster Verzweiflung immer wieder große Bedeutung gehabt hat, sind Jesu letzte Worte, die er am Kreuz gesprochen oder heraus geschrien hat: „Gott, mein Gott, warum hast du mich verlassen?" (Mk 15,34) Diese Worte sind oft als sehr schockierend empfunden worden, denn wo bleibt die frohe Botschaft des Christentums, wenn dieser Jesus, der seine einzigartige Verbundenheit mit Gott offenbarte, indem er ihn liebevoll und zärtlich „abba" nannte, mit Worten der Verzweiflung auf seinen Lippen starb?

Für Menschen, die selbst in einer verzweifelten Situation sind, lässt sich jedoch gerade aus dieser biblischen Überlieferung im äußersten Leid Trost erhalten, denn sie zeigt, dass das Gefühl der Gottverlassenheit nicht Ausdruck mangelnden Glaubens ist, weil Jesus selbst davon nicht verschont wurde. Ein Schutz gegen die Erfahrung der Verzweiflung ist nicht möglich, solange wir als Menschen leben. Sich dies klar zu machen, kann sehr entlastend sein, denn viele Menschen haben zumindest unausgesprochen die Vorstellung, dass ein wahrer Glaube sich darin zeigen müsste, auch im tiefsten Leid niemals die Hoffnung zu verlieren. Obwohl in dieser Auffassung ein richtiger Kern steckt, kann sie missverstanden werden. Sie birgt die Gefahr der Enttäuschung, wenn sie die unrealistische Erwartung weckt, der Glaube biete Schutz vor der Erfahrung tiefsten Leids und sei eine Art Garantie dafür, das Leben bewältigen zu können. Sie kann sogar zu einer Belastung für den Leidenden werden, wenn sie nicht als Zuspruch verstanden wird, sondern als Anspruch, jedes Leid bewältigen zu können.

Die Klage Jesu am Kreuz macht dagegen deutlich, dass es auch eine Verzweiflung desjenigen geben kann, der sich Gott zuwendet, aber keine Antwort und Hilfe erfährt.[29] Nicht der Leidende hat versagt, sondern es ist Gott, der in dieser Situation als „versagend" erfahren und angeklagt wird. Dies bedeutet nicht unbedingt, dass Gott nicht da ist, aber seine Nähe ist für den leidenden Menschen

---

[29] Vgl. Fuchs, S. 200

36

nicht mehr spürbar. Leid und Schmerz können den Menschen so erfüllen, dass zumindest vorübergehend jede Wahrnehmung einer anderen, besseren, tröstenderen Wirklichkeit unmöglich wird.

Jesus selbst greift in seiner äußersten Not auf ein Gebet zurück, das er in der Tradition seines Volkes vorgefunden hat, wenn er bei seinem Tod einen Klagepsalm betet. Die Klagegebete des Alten Testamentes bringen auf sehr vielfältige Weise die Not des Menschen zur Sprache, der sich um Hilfe an Gott wendet, aber keine Antwort hört. Sich auf diese Gebetsformen zurück zu besinnen, ist wichtig, weil sie in der Extremsituation der Not und des Leidens Möglichkeiten der spirituellen Versprachlichung bieten.[30] Sie zeigen uns einen möglichen Weg, in der Situation der erfahrenen Abwesenheit Gottes die Beziehung zu ihm aufrecht zu erhalten. In der Klage spricht sich ein Mensch aus, der sich nicht aufgibt und sein Schicksal nicht schweigend hinnimmt. Er bleibt trotz allem Unglück überzeugt, dass er an seinem Leid unschuldig ist und ein Recht auf Beistand hat. Er öffnet sich auf ein Gegenüber und streckt sich nach Hilfe aus und muss doch oft genug schmerzlich erfahren, dass er keine Antwort erhält.

Der Klagende aber gibt auch Gott nicht auf. Er bleibt beharrlich in seinem Anliegen, Gottes Aufmerksamkeit zu finden, indem er seine ganze Not vor Gott ausbreitet. Er hat keine Angst, dass Gott ihm die Klage übel nimmt und ihn straft, denn der Gott, an den er sich wendet, ist ein fürsorglicher und befreiender Gott. Dies alles kommt sehr eindrucksvoll im Psalm 22 zum Ausdruck, den Jesus am Kreuz gebetet hat. Wer diesen Psalm liest, während er von einer Depression gequält wird, kann darin einiges von seinen eigenen Lebensgefühlen wieder finden:

„Gott, mein Gott, warum hast du mich verlassen!
Warum bist du fern meinem Flehen, dem Ruf meiner Klage!
Ich rufe am Tage, o Gott, und du hörst nicht;
Ich rufe in der Nacht, und du hast für mich keine Antwort.
Ich aber bin ein Wurm und kein Mensch,

[30] Vgl. Fuchs, S. 19.

der Leute Spott und des Volkes Verachtung.
Alle, die mich sehen, sie spotten mein,
sie verziehen die Lippen, schütteln das Haupt..
Hingegossen bin ich wie Wasser,
auseinander gerissen ist all mein Gebein. Mein Herz ist
                                        geworden wie Wachs,
zerflossen in meinem Innern.
Vertrocknet wie eine Scherbe ist meine Kehle,
die Zunge klebt mir am Gaumen.
Denn mich umlauert die Meute der Hunde,
die Rotte der Frevler hält mich umzingelt."

(Ps 22,2–3; 7–8; 15–16)

Was der alttestamentliche Beter zum Ausdruck bringt, sind Erfahrungen, die sich während einer psychischen Erkrankung gut nachvollziehen lassen. Er fühlt sich als „Wurm", klein und schutzlos, und nicht mehr der menschlichen Gemeinschaft zugehörig. Die anderen Menschen distanzieren sich von ihm mit Spott, möglicherweise in der Angst, von seinem Leiden angesteckt zu werden und verweigern ihm die Hilfe. So ist er unverstanden und isoliert.

In dem Psalm wird jedoch auch ein Weg gezeigt, wie im Dunkel der Verzweiflung ein Licht aufleuchten kann. Es gibt noch einen Teil des Ichs, der nicht aufgibt. Hoffnung findet der Klagende, indem er die Erinnerung an vergangene Zeiten in sich wachruft, in denen Gott sich als zuverlässig erwiesen hat. So denkt er an die Erfahrungen seiner Vorfahren, aber er ruft auch ein Bild aus seiner eigenen Vergangenheit ins Gedächtnis:

„Du bist es, der mich aus dem Mutterschoße geführt,
du ließest sorglos mich ruhen an der Brust meiner Mutter
Dir bin ich zu Eigen von Anbeginn,
vom Schoß meiner Mutter an bist du mein Gott.
Sei mir nicht fern in meiner Not,
denn nirgends ist Hilfe."

(Ps 22, 10–12)

Die Erwähnung des Augenblickes der Geburt lässt das Bewusst-sein für die Kostbarkeit des Geschenkes des Lebens aufleben. Die Rückbesinnung auf die tiefe Geborgenheit des Säuglings bei der stillenden Mutter schafft die Assoziation von einem fürsorglichen und mütterlichen Gott. Die Erinnerung an das erlebte tiefe Urvertrauen gibt in der gegenwärtigen Krise Halt.

Auch in der Depression gibt es oft noch einen Teil des Ichs, der die Erinnerung an erlebtes Wohlbefinden, Vertrauen und Glück wach hält. Es lohnt sich, die Anstrengung, und in der Depression ist es eine Anstrengung, auf sich zu nehmen, sich diese Situationen ins Gedächtnis zu rufen. Damit wird der Blick wenigstens für kurze Zeit von dem gegenwärtigen Leid abgewendet und dem Körper und Geist Gelegenheit gegeben, in einen anderen Erfahrungsbereich überzuwechseln. Wer an Gott glaubt, wird diese glücklichen Erinnerungen auch als Erfahrungen der Nähe Gottes verstehen und sich damit wieder einer hoffnungsvolleren Sicht seiner Gottesbeziehung annähern.

C. Spirituelle Wegbegleitung

1. Gebete

An unerträglichen Tagen

Herr, mein Gott, es gibt Tage,
an denen alles versandet ist:
die Freude, die Hoffnung, der Glaube, der Mut.
Es gibt Tage, an denen ich meine Lasten nicht mehr zu tragen
vermag:
meine Krankheit, meine Einsamkeit,
meine ungelösten Fragen mein Versagen.
Herr, mein Gott,
lass mich an solchen Tagen erfahren,
dass ich nicht allein bin,

dass ich nicht durchhalten
muss aus eigener Kraft,
dass du mitten in der Wüste einen Brunnen schenkst
und meinen übergroßen Durst stillst.
Lass mich erfahren,
dass du alles hast und bist, dessen ich bedarf.
Lass mich glauben,
dass du meine Wüste
in fruchtbares Land verwandeln kannst.

Sabine Naegeli

*

Voller Schmerzen im Nebel

Ich bin voller Schmerzen,
die mich auseinander reißen
wie wilde Tiere.

Zutiefst bin ich verwundet.
Kummer und Schmerzen
Brechen mir noch das Herz.

Ich habe auf Mitgefühl gewartet,
doch keiner hat es mir erwiesen.

Ich habe einen Menschen gesucht,
der mich tröstet,
und keinen einzigen gefunden.

Sie gaben mir Medikamente,
aber keine Hoffnung.
Sie gaben mir mehr Gift
als Nahrung.
Damit werden sie mich noch
ins Verderben bringen.

Fremd geworden bin ich
meinen Verwandten.
Selbst meine Geschwister
Kennen mich nicht mehr.

Sie kommen und reden
Doch nur belangloses Zeug.
Sie gehen mit offenen Augen
Und reden dann hinter der Tür
Über mich und mein Leiden.

Ich bin der Anlass für ihren Klatsch.

Warum versteht mich denn keiner?
Warum ist mir alles so fremd?

Befreie mich, Herr,
aus dem Nebel meiner Tage.

Heinz-Günter Beutler-Lotz (nach Psalm 69)

Erstarrung

Gott, ich bin in der Wüste.
Meine Seele ist dürres, trockenes Land.
Mein Körper und meine Seele verlangen nach Wasser.
Lass meinen Lebensfluss wieder in Bewegung kommen und
sprudeln.

Gott, ich bin in einer Sackgasse.
Mein Blick ist verstellt
Meine Füße und Beine sind bewegungslos und starr.
Ich kann den Boden unter meinen Füßen nicht mehr fühlen.

Ich weiß keinen Ausweg.
Zeige du mir einen Weg aus dieser Sackgasse, sodass ich wieder
Laufen kann.

Gott, ich bin verstrickt in meine Schuldgefühle.
Die Scham lässt mich nicht mehr los.
Sprich du mir Vergebung zu und lass mich wieder befreit atmen.
Amen.

Astrid Hannapel

*

Gott
mit einer Sintflut der Angst
hast du mich ergriffen

Tage zerquält
von Fragen
Nächte
die wie Fesseln
schlaflos
auf mir liegen
die Sonne
ist mir Hohn
die Sterne
Irrlichter
über Klippen
schneidender Zweifel
im Meer
abgrundtiefer Verlassenheit
meine Seele angekettet
in diesem Verlies
der Angst
in das ich
selbst
mich begrabe

die Fragen
dringen nicht mehr
bis ans Licht
als Wort
das Antwort hofft
sie fallen
bleiern schwer
auf mich zurück
und schlagen mich
in Bann
ich bin
zutiefst
mir selber
fern

doch
Du
bist da
in meiner Ferne
bist
Du
nah
meine taube Seele
kann
Deine Gegenwart
nicht löschen
Du
brennst in mir
und etwas in mir sagt
dass ich
im Leugnen glaube
ungläubig
glaube ich
an dich
dass
Du
mein stummes Schreien hörst

und dir
mein lärmend lautes Schweigen
alles sagt
Du
wartest
mit behutsam wartender Geduld
auf mich
dass ich auftauche
aus meiner Sintflut
Dann richtest
Du
den Regenbogen
wieder auf
der mir zerbrochen ist
den Regenbogen
zwischen dir und mir
den Regenbogen
Deiner Zukunft
die mehr ist
anders
als ich denken kann
mein Gott

Annette Soete

Unrecht begangen in deinem Namen

Dieses Gebet handelt von Erinnerungen an Unrecht, Gott,
das in deinem Namen begangen wurde.

Ich weiß, das warst nicht wirklich du,
aber wie kann ein Kind das wissen?

Und wenn ich mich jetzt zum Gebet niederbeuge,
wo lasse ich die Erinnerungen des Schmerzes?

Und wenn ich mich jetzt an dich wende,
was tue ich mit der Angst?

Meiner Angst, meiner Kindheitslektion, die mir sagt,
dass du auf seiner Seite bist?

Dass böse Mädchen in die Hölle kommen?
Dass dein Zorn geschwind und maßlos ist,
und sich auf die erstreckt, die sind wie ich?

Dies ist ein Gebet um Heilung, Gott, von Unrecht,
das in deinem Namen begangen wurde.

Nun ist es Zeit zu erfahren, wer du bist.
Ich will nicht länger die Bilder akzeptieren,
die mir eingegeben wurden, um mich
das Fürchten zu lehren.

Ich will die Wut, den Schmerz und den Schrecken nicht mehr
                                        akzeptieren,
die mir in deinem Namen eingegeben wurden.

Nun möchte ich deinen Namen kennen lernen.
Nun möchte ich dich neu sehen.
Heute bringe ich mich zu dir, Gott,
und vertraue darauf, deine sanfte Berührung zu spüren. Amen.

Nach Catherine Foote

2. Meditation

Wer noch nie meditiert hat, sollte einige Regeln beachten, die den
Einstieg in das Meditieren erleichtern. Meditation erfordert Übung,
und es ist deshalb gut, wenn jeden Tag ein wenig Zeit dafür zur
Verfügung steht. Hilfreich ist es außerdem, sich in der Wohnung einen Ort für die Meditation zu schaffen. Das kann ein besonders be-

quemer Stuhl sein, oder eine Decke, auf der ich liegen kann. Zum Einstieg in die Meditation sollte eine Geste gewählt werden, die mir selbst deutlich macht, dass ich bereit zur Sammlung bin und nun auf alle äußeren Einflüsse nicht mehr reagiere. Ich kann z.B. eine Kerze oder eine Duftlampe anzünden oder ein Kreuzzeichen machen. Wichtig ist es, einen Ort und eine Geste zu finden, die mir wirklich liegen und dann daran für eine Zeit festzuhalten, damit nicht immer wieder Kraft dafür verloren geht, einen Anfang zu finden.

Die hier vorgeschlagenen Meditationen werden vielerorts in der Therapie mit traumatisierten Menschen eingesetzt, aber es ist möglich, dass sie im Einzelfall Unbehagen bereiten. Dann ist es sinnvoll, die Meditation abzubrechen. Es geht darum, das zu entdecken, was mir zur Heilung hilft. Und das kann für jeden etwas ganz anderes sein.

Meditation vom Licht

Setzen Sie sich bequem hin, entspannen Sie sich, und werden Sie ruhig. Konzentrieren Sie Ihre Augen oder Ihre inneren Augen auf eine Quelle des Lichts. Sie können eine Flamme wählen, das weiche Licht einer Lampe, oder die Sonne selbst. Spüren Sie die Wärme und die Glut, die das Licht verbreiten kann. Lassen Sie sich umhüllen durch das Licht, sodass Ihr ganzer Körper sich warm und ruhig anfühlt.

Während sie das Licht spüren, denken sie daran, dass Gott im Akt der Schöpfung die Quelle des Lichts war, und dass Gottes Liebe Ihr Leben erhellt und die Dunkelheit von Angst und Wut vertreiben kann. Lassen Sie das Licht der göttlichen Liebe den Körper umhüllen und den Körper, den Geist und das Herz erfüllen. Sanft lassen Sie das Licht von Gottes Liebe die Teile ihres Geistes und Körpers erleuchten, die verletzt worden sind. Ruhen Sie sich in diesem Licht aus. Entspannen Sie sich in der Wärme des Lichtes Gottes.

Wenn Sie weiter gehen möchten, während Sie sich in der Glut ausruhen, fangen Sie an, auf ihren Atem zu achten. Achten Sie darauf, wie Sie einatmen und wie Sie ausatmen. Denken Sie daran, wie Gott bei der Schöpfung dem Menschen durch seinen Atem das Leben einhauchte. Während Sie die Luft in sich aufnehmen, atmen Sie die Wärme Gottes ein, den alles löschenden Glanz der Liebe Gottes. Atmen Sie ein Licht, Wärme und Heilung. Atmen Sie aus Dunkelheit, Schmerz und Angst. Lassen Sie den Geist Gottes, den Sie einatmen, die Mitte Ihres Körpers erwärmen und mit Ruhe erfüllen, und dann lassen Sie ihn aus der Mitte in die anderen Teile Ihres Körpers fließen. Lassen Sie ihn sanft in den Teilen Ihres Körpers entfalten, die durch Gewalt verletzt wurden, und lassen Sie diese Teile ihres Körpers streicheln, besänftigen, erwärmen, bestärken, erlösen. Fühlen Sie die heilende Kraft von Gottes Licht in Ihrem Körper und Ihrem ganzen Leben. Bleiben Sie in diesem tröstenden Licht solange Sie wollen.

Nach James Leehan

II. Die ersten Schritte zur Heilung

A. Eine grundlegende Stabilität erarbeiten

1. Sich für Hilfe öffnen

Wenn trotz drückenden Leids die Suche nach Hilfe und Unterstützung lange hinaus geschoben wird, liegen die Ursachen dafür oft ebenfalls in früheren Erfahrungen. Die eigene Bedürftigkeit wahrzunehmen, erweckt auf dem Erfahrungshintergrund einer lieblosen Kindheit meist große Angst. Wer traumatisiert wurde, weiß, dass Schwäche gefährlich sein kann, dass sie oft ausgenutzt wird und zur Unterdrückung einlädt. Auch wenn keine unmittelbare Gewalt zu erwarten ist, kann das Eingeständnis von Hilfsbedürftigkeit bedrohlich sein, weil es anderen die Möglichkeit gibt, lächerlich zu machen, bloßzustellen und einen Menschen abzuwerten.

Viele, die als Kinder von ihren Eltern enttäuscht oder sogar misshandelt werden, schützen sich auf radikale Weise vor weiteren Verletzungen. Sie kapseln sich von anderen Menschen ab, versuchen alles mit sich selbst abzumachen und vertrauen niemandem mehr. Alkohol oder Drogen sind deshalb so anziehend, weil sie mindestens eine Zeit lang die Illusion vermitteln, die eigenen Angelegenheiten selbst in der Hand zu haben.

Sich überhaupt für eine Therapie zu entscheiden, stellt deshalb oft schon einen sehr großen Schritt dar, der bisherige Verhaltensmuster durchbricht. Er setzt voraus, sich einzugestehen, dass die eigenen Bemühungen, sich aus seiner Krise zu befreien, gescheitert sind. Bei den Anonymen Alkoholikern wird dieser Schritt „Kapitulation" genannt, um deutlich zu machen, dass eine wirkliche innere Bereitschaft da sein muss, alte Verhaltensmuster und Denkweisen hinter sich zu lassen, um die Chance auf einen Neuanfang zu haben.

Es ist jedoch oft nicht leicht, eine wirklich hilfreiche Therapie zu finden. Nicht selten vergehen Jahre der vergeblichen Suche, bis die passende Therapie gefunden wird. Viele Betroffene lassen sich vorzeitig entmutigen, wenn die ersten Erfahrungen mit Therapie nicht gleich Fortschritte bringen oder vielleicht sogar neue Belastungen hervorrufen, da Therapie auch manchmal schaden kann.[1] Leider kann es im Verlauf der Therapie sogar zu neuen Traumatisierungen kommen, die es um ein Vielfaches schwerer machen, noch einmal Therapie zu wagen.[2]

Die Schwierigkeit, eine gute Therapie zu finden, liegt auch darin begründet, dass nicht jede Therapieform für jeden Menschen gleich hilfreich ist. Letztlich kann nur das eigene Empfinden den Ausschlag dafür geben, welche Therapie für mich richtig ist. Es ist deshalb ratsam und durchaus üblich, mehrere TherapeutInnen um einen Termin zu bitten und sich dann zu entscheiden, bei wem man sich am besten aufgehoben fühlt. Es gibt sehr viele verschiedene Therapieformen, die sich in ihrer Vorgehensweise sehr voneinander unterscheiden.[3] Auch wenn die Krankheitssymptome sehr bedrückend sein können, ist es kein gutes Kriterium, einfach zu dem Therapeuten oder der Therapeutin zu gehen, der oder die den nächsten Termin frei hat. Denn in den meisten Fällen handelt es sich um eine langfristige Entscheidung, die für die Heilung grundlegende Bedeutung hat.

Zumeist zeigt sich nach einigen Gesprächen, ob ein Vertrauensverhältnis zu einem bestimmten Therapeuten oder einer bestimmten Therapeutin zu Stande kommen kann. Wichtig ist, dass in der therapeutischen Beziehung genügend Raum ist, die eigenen Gefühle aussprechen zu können und dabei ernst genommen zu werden. Ein Therapeut/eine Therapeutin sollte auf jeden Fall seine PatientInnen als erwachsene und mündige Personen behandeln, auch wenn die psychischen Probleme uns PatientInnen zeitweise schwach und hilflos erscheinen lassen. Selbst wenn bei einem Menschen mit traumatischen Kindheitserlebnissen oft einige Fähigkei-

---

[1]   Vgl. Reddemann/Sachsse, 2/1997. S. 104-109.
[2]   Ein weitgehendes Tabu stellt das leider nicht sehr seltene Problem des sexuellen Mißbrauchs in der Therapie dar. Vgl. Becker-Fischer/Fischer, 1995.
[3]   Einen Überblick über neuere Therapieansätze ist zu finden bei Peichl, S. 103-112.

ten verkümmert oder verloren gegangen sind, bedeutet dies nicht, dass wir insgesamt wie Kinder reagieren. Es gibt in jedem von uns einen Teil, der unser Überleben gesichert hat und erwachsen geworden ist. Ein bevormundendes und dirigistisches therapeutisches Vorgehen ignoriert diesen erwachsenen Teil, und lässt uns kleiner anstatt größer werden.

In den letzten Jahren hat zum Glück innerhalb der psycho-sozialen Berufe ein Umdenken stattgefunden, das den Respekt vor der eigenständigen Persönlichkeit des Hilfesuchenden und die Achtung seiner noch vorhandenen Fähigkeiten zur Selbsthilfe in den Vordergrund stellt, und nicht krankheitsbedingte Schwierigkeiten zum Anlass für eine verdeckte Form der Abwertung nimmt. Therapie soll sich daher nicht an einem vorgefertigten Ideal von menschlichem Dasein orientieren, sondern Ziel der Hilfe soll „Empowerment" sein, d. h. „Anstiften zur (Wieder)-Aneignung von Selbstbestimmung über die Umstände des eigenen Lebens".[4] Mit diesem aus dem amerikanischen stammenden Begriff ist gemeint, dass „Menschen die Kraft gewinnen, der sie bedürfen, um ein nach eigenen Maßstäben buchstabiertes ‚besseres Leben' zu leben."[5] Zu diesem Zweck sollen die eigenen Selbstheilungskräfte aber auch die bestehenden mitmenschlichen Kontakte im sozialen Umfeld gefördert werden.

Es entspricht diesem Ansatz, dass sich TherapeutInnen wertender Äußerungen über das, was sie als gelungenes Leben ansehen, enthalten. Wenn sich jemand vielleicht auf Grund psychischer Verletzungen schädliche Verhaltensweisen, wie z.B. eine Sucht, zu Eigen gemacht hat, darf dieses nicht zu moralischer Abwertung benutzt werden. Ein moralisches Urteil über einen Menschen zu fällen, steht einem Therapeuten oder einer Therapeutin nicht zu, und er oder sie überschreitet damit den Aufgabenbereich, der in der Heilung des psychischen Leidens und nicht in der moralischen Besserung des Patienten oder der Patientin besteht.

Es ist ebenfalls wichtig, dass kein Druck ausgeübt wird, bestimmte Therapieschritte zu unternehmen. Die Ziele und das Tem-

---

[4]   Herringer, 2000, S.175.
[5]   Herringer, 1997, S. 11.

po der Therapie muss ich als Patient oder Patientin bestimmen können. Ein für viele ungelöstes Problem besteht allerdings darin, dass
die Krankenkassen nur für einen begrenzten Zeitraum Therapie be-
willigen und auch von daher ein gewisser Druck entsteht. Dennoch
kann psychische Heilung nicht beschleunigt werden, sondern sie ereignet sich nur dann, wenn ihr ausreichend Zeit zugestanden wird.

Es ist noch nicht sehr lange her, dass man in der Psychoanalyse
Erzählungen von Frauen, die als Mädchen sexuelle Übergriffe erleiden mussten, als Fantasien gewertet oder sie als unbedeutend ein-
gestuft hat.[6] Dies zeigt, dass Therapie, die auf falschen Theorien
und Erklärungsmustern beruht, für PatientInnen sehr verletzend
sein kann, wenn sie erleben, dass ihnen kein Glauben geschenkt
wird. So kann in guter Absicht Schaden zugefügt werden, weil die
grundlegenden Annahmen über die Ursache der psychischen Probleme nicht stimmen. Auch deshalb ist es notwendig, immer
wieder in sich hinein zu spüren, ob die Therapie dem eigenen inneren Erleben gerecht wird. TherapeutInnen können nur ExpertInnen für allgemeine psychische Entwicklungen und Zusammenhänge sein, die letzten ExpertInnen für uns selbst aber bleiben wir
selbst. So wie bestimmte Medikamente einem Menschen helfen und
bei einem anderen schwere Nebenwirkungen auslösen können,
sind nicht alle therapeutischen Maßnahmen für jeden Menschen
gleich hilfreich. Wir selbst müssen deshalb ein Gespür für das entwickeln, was uns gut tut und ob wir mit den uns angebotenen Deu-
tungen und Erklärungen für unsere Gedanken und Gefühle etwas
anfangen können.

2. Ein Gefühl von Sicherheit und Kompetenz entwickeln

Für die Therapie von Menschen mit Gewalterfahrungen sind in den
letzten Jahren vor allem in Amerika und den Niederlanden Therapiekonzepte entwickelt worden, die sich in verschiedene Phasen
aufteilen. Zu den ersten Aufgaben in einer Therapie gehört es nach
dieser Auffassung, in der Gegenwart ein grundlegendes Gefühl von

---

[6] Vgl. Herman, S. 27.

Sicherheit zu erlangen, Vertrauen in die eigene Fähigkeit, sein eigenes Leben zu gestalten, zu entwickeln oder zurück zu gewinnen und im Heute heilsame Beziehungen aufzubauen. Es geht zunächst darum, den Alltag so zu gestalten, dass er mit den vorhandenen Kräften bewältigt werden kann, und zu lernen, mit den Symptomen der Krankheit in einer nicht selbst schädigenden Weise umzugehen.

Es ist zunächst ein wichtiges Ziel, einen anderen Umgang mit belastenden Gefühlen zu erlernen. Verschiedene Entspannungstechniken, wie Autogenes Training oder Meditation können dabei hilfreich sein. Aber auch die Schaffung eines „sicheren Ortes" im eigenen Inneren vermittels der Phantasie[7] oder in der äußeren Realität kann eine Hilfe zum Überstehen erdrückender Empfindungen sein. Einen solchen Ort kann ich mir einrichten, indem ich z.B. eine besonders bequeme Sofaecke mit behaglichen Kissen und Decken ausstatte und mir selbst verspreche, mir an diesem Ort keinen Schaden zuzufügen.[8] Auch die kontrollierte Einnahme von Medikamenten, die keine Sucht hervorrufen, kann in solchen Situationen eine Hilfe sein.

Mit der notwendigen Ausdauer und Geduld können diese Maßnahmen langsam dazu führen, dass ein neues Zutrauen zu sich selbst entsteht. Die Erfahrung, auch Situationen der äußersten Angst und der Niedergeschlagenheit bewältigt zu haben, lässt die Hoffnung wachsen, das eigene Schicksal beeinflussen zu können und nicht völlig ohnmächtig den Folgen erlittener Gewalt ausgeliefert zu sein.

Nun lassen sich weitere Fähigkeiten in den Blick nehmen, die helfen können, unsere Krise zu überstehen.[9] Weil die psychische Erkrankung einen erheblichen Teil an Kraft und Energie aufzehrt, müssen wir ganz bewusst darauf achten, immer wieder einen Ausgleich zu schaffen und Tätigkeiten zu suchen, die uns wenigstens zeitweise Freude und Erfolge bescheren. Sport betreiben, ins Kino gehen, sich eine gute Mahlzeit kochen sind einige der vielfältigen Möglichkeiten, für sich selbst zu sorgen.

[7] Dargestellt in Reddemann / Sachsse, 3/1997, S. 128.
[8] Bass / Davis, S. 188.
[9] Viele von Betroffenen erprobte Tipps, um gut für sich selbst zu sorgen, sind zusammengestellt in: Lison. S. 273ff.

Was konkret hilfreich ist, ist ebenso von den ganz persönlichen Voraussetzungen abhängig, wie das, was als Erfolg erlebt wird. Zu hohe Ansprüche an sich und die Neigung, sich selbst abzuwerten, die als Erbe der Kindheit in uns fortwirken können, verhindern oft, dass wir unsere eigenen Mühen und Anstrengungen ausreichend achten. Es kann schmerzlich sein, die eigenen Ziele und Erwartungen an sein Leben auf Grund der durch die Krankheit eingeschränkten Leistungsfähigkeit zurücknehmen zu müssen.

Wenn wir uns aber nicht an dem orientieren, was uns möglich ist, wird uns immer wieder das Gefühl des Versagens überfallen, das unsere Heilung behindert. Wenn wir dagegen uns nicht gleich den perfekten Haushalt, sondern ein aufgeräumtes Badezimmer als Ziel nehmen, und nicht die völlige Rückkehr in alte berufliche Rollen, sondern auch eine zeitweilige Anwendung unserer beruflichen Kompetenzen als Erfolg für uns werten können, kommen wir damit unserer Heilung ein Stück näher. Aber auch die Entfaltung unserer Fähigkeiten und die Entwicklung neuer Bewertungsmaßstäbe erfordert seine Zeit, wenn eine wirkliche innere Zustimmung zu diesen Verhaltens- und Denkweisen entstehen soll, die nicht von der Bestätigung anderer Menschen abhängig ist.

3. Heilsame Beziehungen aufbauen

Die Besinnung auf die eigenen Kräfte darf nicht zu der falschen Annahme führen, ganz von der Hilfe anderer Menschen unabhängig werden zu können. Die Orientierung verschiedener psychologischer Theorien an einem überzogenen Ideal von Autonomie, welches die bleibende enge Verbundenheit mit anderen Menschen als Unreife erscheinen lässt, ist in den letzten Jahren von verschiedenen Seiten her zunehmend in Frage gestellt worden.[10]

Doch gerade bei Verletzungen der Seele gilt, dass das, was in Beziehungen zu anderen Menschen zerstört wurde, auch nur durch Beziehung zu anderen Menschen wieder aufgebaut werden kann.[11]

---

[10] Grundlegende Überlegungen dazu finden sich bei Gilligan, C.: Die andere Stimme. Lebenskonflikte und Moral der Frau. München. 1984.
[11] Vgl. Herman, S. 90.

Es wird in den verschiedenen Therapierichtungen unterschiedlich beurteilt, welche Rolle dabei die therapeutische Beziehung spielt. Dies ist ein weiterer Grund dafür, darauf zu achten, ob die Art der Therapie den eigenen Bedürfnissen entspricht.

Schließlich ist auch der Bereich der zwischenmenschlichen Beziehungen ins Auge zu fassen, und es ist zu klären, ob die bestehenden Bindungen die Heilung unterstützen oder sie eher behindern. Letzteres ist der Fall, wenn sich unterdrückende oder gewalttätige Beziehungsmuster in gegenwärtigen Partnerschaften wiederholen. Sich hieraus zu lösen, bedeutet oft, bittere Zeiten der Einsamkeit durchstehen zu müssen, doch ist es zur Heilung unbedingt notwendig. Um nicht ganz von einer Person abhängig zu sein, und Trennung wagen zu können, muss ein soziales Netz aufgebaut werden. Selbsthilfegruppen können hier wie im gesamten Heilungsprozess eine besondere Rolle spielen, weil es auch wohlmeinenden Freunden manchmal schwer fällt, sich in die besondere Situation traumatisierter Menschen einzufühlen. Die Notwendigkeit solcher Außenkontakte gilt auch, wenn eine funktionierende Partnerschaft vorhanden ist, denn eine einzelne Person ist überfordert, wenn sie allein die zur Heilung notwendige Unterstützung und Zuwendung geben soll.

Partner und Freunde sollten in den Weg zur Heilung einbezogen werden, und sich über die Schwierigkeiten informieren, die die posttraumatische Belastungsstörung für den Kranken bedeutet. Viele Beziehungsschwierigkeiten entstehen durch die verlorene Fähigkeit zu vertrauen, durch die unterdrückte und oft unvermittelt hervorbrechende Wut, die sich dann gegen die Falschen richtet, und nicht zuletzt durch das beeinträchtigte Verhältnis zum eigenen Körper und zur Sexualität. Zu erkennen, dass diese Schwierigkeiten ihre Ursache in traumatischen Ereignissen haben, hilft, sie zu überwinden.[12]

Es kann viel Zeit vergehen, bis alle diese Aufgaben gelöst sind, aber es gibt keinen schnellen Weg zur Heilung, wenn die Folgen lang anhaltender Verletzungen in der Kindheit beseitigt werden sol-

---

[12] Zu den wenigen Ratgebern, die auch die Probleme der Partner einbeziehen gehört: Bass/Davis, S. 188ff.

len. Wenn wir aber die Mühen dieses Weges auf uns nehmen, können wir berechtigte Hoffnung haben, der Heilung ein wesentliches Stück näher gekommen zu sein.

Es ist sehr wichtig, diese Phase der Stabilisierung und ihre Aufgaben ernst zu nehmen, bevor die Auseinandersetzung mit den Verletzungen der Vergangenheit beginnt. Vielleicht reichen die Fortschritte, die auf diesem Weg zu erreichen sind, sogar aus, um eine bessere Lebensqualität zu gewinnen. Um weiter zu gehen und Verletzungen der Kindheit zu bearbeiten, ist es wichtig, dass eine vertrauensvolle und Halt gebende therapeutische Beziehung entsteht, dass Möglichkeiten der Selbstfürsorge gelernt werden, und ein unterstützendes soziales Umfeld vorhanden ist.

B. Heilsame Kräfte im Glauben entdecken

1. Anderen eine Last sein dürfen

Um einen ersten Schritt zur Heilung zu unternehmen, ist es zunächst wichtig, sich selbst deutlich zu machen, ein Anrecht auf Hilfe und Unterstützung zu haben. Es bedeutet kein persönliches Versagen, nicht allein zurecht zu kommen. Denkweisen wie „der Tüchtige hilft sich selbst" oder „hilft dir selbst, dann hilft dir Gott" können den Weg zur Heilung versperren, weil sie es als minderwertig darstellen, auf die Hilfe anderer angewiesen zu sein.

Leider wird die Angst davor, eigene Schwäche zuzugeben, durch unsere Gesellschaft, in der es so sehr darauf ankommt, wie sich jemand selbst präsentiert, was er oder sie kann und leistet, sehr gefördert. Wirtschaftlicher Erfolg und hohes Ansehen bilden den Maßstab, nach dem die Gesellschaft in GewinnerInnen und VerliererInnen eingeteilt wird. Dies verstärkt die ohnehin vorhandenen Selbstzweifel und Minderwertigkeitsgefühle bei denen, die nicht mithalten können.

Für die eigene innere Stabilität ist es ganz wichtig, sich diesem Denken zu entziehen und bewusst andere Maßstäbe dagegen zu setzen. Eine Möglichkeit dazu bietet die biblische Aussage: „Einer trage des anderen Last" (Gal 6,2), der das Ideal einer anderen Gesellschaft zu Grunde liegt. Es ist einer der niederdrückendsten und vernichtendsten Gedanken, die sich gerade bei depressiven Menschen leicht einschleichen und hartnäckig von ihnen Besitz ergreifen können, dass sie für andere nur noch eine Last darstellen. Ihnen sagt dieser Satz deutlich: Du darfst eine Last sein. Du hast ein Recht auf Unterstützung, wenn du schwach bist. Gott verlangt von niemandem, dass er seine Last allein trägt. Es schadet den Gesunden nicht, in bestimmten Grenzen auf die Kranken Rücksicht zu nehmen. Sie werden dadurch nicht an ihrer Selbstverwirklichung gehindert, sondern nehmen die Aufgabe wahr, die Gott für sie vorgesehen hat.

Wer einsam ist oder oft auf Ablehnung stößt, mag dieses Menschenbild für sehr naiv und unrealistisch halten. Es ist damit auch nicht gesagt, dass wir leicht Menschen finden, die diese Einstellung haben. Die Überzeugung, dass wir anderen eine Last sein dürfen, ermutigt jedoch, trotz Enttäuschungen nach Hilfe zu suchen und sie erlaubt, angebotene Hilfe ohne Scham anzunehmen. Sie gibt das nötige Selbstvertrauen, an andere die Bitte um Hilfe heran zu tragen und bewahrt vor falschen Schuldgefühlen, wenn wir aus eigener Kraft nicht weiter können und Unterstützung benötigen. Dies gilt nicht nur im privaten Bereich, sondern auch für staatliche Unterstützung, wie Sozialhilfe oder Rentenzahlungen.

Diese Überlegungen sollen nicht dazu verleiten, sich hängen zu lassen und eigene Anstrengungen aufzugeben. Wir sollten uns auch bewusst bleiben, dass die Belastungen im Alltag für die Angehörigen und FreundInnen erdrückend sein können. Ich selbst erinnere mich noch mit großem Schrecken an Situationen, in denen sowohl ich selbst als auch mein Mann das Gefühl hatten, völlig am Ende zu sein. Mein Mann war durch seinen Beruf und das Bemühen, meine eingeschränkte Aufmerksamkeit für die Kinder durch verstärktes väterliches Engagement auszugleichen, oft schon so erschöpft, dass er bewusst auf Distanz zu mir ging, um nicht auch noch zusammenzubrechen. Mit aller Schärfe kam mir dies zu Bewusstsein, als ich einmal weinend in meinem Zimmer saß, und er aus dem Nebenraum zu mir sagte: „Mach bitte die Tür zu. Ich kann dein Weinen nicht mehr ertragen." In solchen extremen Situationen, in denen wir spüren, dass unsere Krankheit das Leben der Menschen, die wir lieben aufs Äußerste beeinträchtigt, kann die Versuchung, das eigene Leben vorzeitig zu beenden, sehr mächtig werden. Dann bietet der Glaube, dass gerade dies der tiefste Sinn des Lebens ist, gemeinsam seine Lasten zu tragen, auch einen Schutz vor der endgültigen Verzweiflung.

Der Glaube sagt uns aber nicht nur, dass wir Hilfe annehmen dürfen, sondern auch, dass wir Hilfe annehmen müssen, weil wir allein es nicht schaffen können, uns aus unserer Schwäche zu befreien. Es ist keine Besonderheit psychisch kranker Menschen, dass wir nur in der Begegnung und durch die Zuwendung anderer Menschen zu uns selbst finden, sondern ein allgemeiner Grundzug unserer menschlichen Existenz. Der Philosoph Martin Buber formuliert diese jüdisch-christliche Grundüberzeugung so: „Der Mensch wird am Du zum Ich."[13] Gerade wenn wir einen Teil unseres Ichs verloren oder nie entwickelt haben, wie dies durch eine Traumatisierung geschieht, brauchen wir deshalb Menschen, an denen wir zu unserm Ich finden können.

Es fällt jedoch vielen traumatisierten Menschen sehr schwer, die Nähe anderer zulassen zu können. Der Grund dafür liegt in der Angst, von einem anderen abhängig zu werden. Abhängigkeit weckt die Erinnerung an negative Erfahrungen. Sie ist verbunden mit dem Gefühl der Wehrlosigkeit gegenüber Verletzungen durch den anderen, der Erfahrung, sich selbst nicht gegenüber Ansprüchen anderer behaupten zu können und sich daher in der Beziehung zum anderen Menschen zu verlieren. So entsteht ein großer Zwiespalt. Obwohl nichts so sehr ersehnt wird, wie die Zuwendung und Liebe anderer Menschen, weckt die Aussicht, Beachtung und Aufmerksamkeit zu finden zugleich große Angst. Es fehlt die Erfahrung, in der engen Verbundenheit mit einem anderen Menschen gleichzeitig ganz Ich selbst bleiben zu können.

Diejenigen, die uns helfen wollen, stellen oft fest, dass wir für fremde Hilfe nicht erreichbar sind, weil wir uns in uns zurück ziehen und uns damit selbst isolieren. So besteht eine der größten

[13]   Buber, S. 32.

Schwierigkeiten der Krisenintervention und Selbstmordverhütung von außen darin, die gefährdeten Personen überhaupt zu erkennen, weil sie sich von selbst nicht zu erkennen geben. Der Wunsch, um jeden Preis die eigene Unabhängigkeit zu bewahren und die eigene Bedürftigkeit zu verleugnen, ist oft so stark, dass Jahre vergehen, bevor andere überhaupt um Hilfe gefragt werden. Selbst dann aber bleibt tiefes Misstrauen, dass die Macht, die wir mit dem Eingeständnis unserer Schwäche anderen geben könnten, missbraucht wird, um uns zu verletzen, zu kränken oder zu bevormunden. Der Zugang zu unserem Innersten ist mit dicken Gesteinsbrocken aus Unsicherheit, Angst und Zweifel versperrt.

Davon, dass Heilung sich in Beziehung vollzieht, erzählen auch die Wundergeschichten im Neuen Testament. Eine dieser Geschichten handelt von einer Frau, die seit zwölf Jahren unter Blutungen litt und in ihrer Sehnsucht nach Heilung das Gewand Jesu berührt. Da spürt Jesus, dass jemand mitten im Gedränge sein Gewand erfasst und eine heilende Kraft von ihm ausgeht, und er sieht eine Frau, die so lange krank war und durch die Berührung gesund geworden ist. Da sagt er zu ihr: „Dein Glaube hat dich geheilt" (Mk 5,25-34).

Die Theologin C. Heyward sieht in dieser Geschichte ein grundlegendes Muster der Heilungserfahrungen im Neuen Testament verwirklicht. Es ist nicht der Glaube an sich selbst, der die heilende Wirkung hatte, und der uns heute in populärpsychologischen Ratgebern oft als Allheilmittel für unsere Probleme angepriesen wird. Mit ihrer Berührung drückte die Frau aus, dass sie sich auf tiefe Weise mit Jesus verbunden fühlte. Sie hatte verstanden, dass die göttliche Macht, die in Jesus wirkte, eine „Macht in Beziehung" war.[14] Die Heilung ist kein einseitiger Vorgang, sondern sie kommt nur zu Stande, wenn beide Seiten etwas geben. Die heilende Kraft, über die Jesus verfügt, ist keine Magie, sie verwandelt die Menschen nicht ohne deren Beteiligung und deren Willen. Der Glaube der Frau ist der Glaube an die heilende Kraft der Beziehung, die wir uns heute noch gegenseitig schenken können und sollen.

Wenn Heilung sich wesentlich in Beziehung ereignet, wird die Abhängigkeit deutlich, in der wir gegenseitig leben. Wie häufig stre-

---

[14] Vgl. Heyward, S. 92ff.

cken wir unsere Hände vergeblich nach Hilfe aus und werden zurückgewiesen? Wie oft stehen FreundInnen, Angehörige und Therapeuten hilflos vor unserem Leid und können uns mit ihrer Anteilnahme nicht erreichen? Aber es gibt auch die kostbaren Momente, in denen echte tiefe Begegnung geschieht. Es erfordert immer wieder großen Mut, seine Hand auszustrecken und Berührung zu wagen. Ohne diesen Mut aber können wir nicht zur Heilung finden.

2. Sich fallen lassen

Sich ernsthaft auf eine Therapie einzulassen, bedeutet, die eigene Unfähigkeit, mit seinen Problemen zurecht zu kommen, zuzugeben und die Bereitschaft zu haben, vieles von dem, was als Verhaltensmuster das eigene Leben prägte, aufzugeben. Wenn eine Suchterkrankung vorliegt oder die Angst- und Verzweiflungsgefühle sehr stark sind, ist vielleicht sogar ein Klinikaufenthalt notwendig, um den Kampf für einen Neubeginn aufzunehmen. In diesem Fall tritt alles, was unserem Leben bisher Struktur gegeben hat, die Haus- oder Berufsarbeit, Hobbys, Reisepläne und soziale Beziehungen dann zumindest für eine Weile ganz in den Hintergrund und steht als Halt nicht mehr zur Verfügung. Das zeitweise Ausscheiden aus dem Alltagsleben bringt es gleichzeitig mit sich, dass außer unseren Angehörigen und FreundInnen auch KollegInnen, NachbarInnen und Bekannte von unseren Schwierigkeiten erfahren. Wir müssen es zulassen können, dass wir das Bild von Tüchtigkeit, das wir anderen so gern von uns vermitteln würden, nicht aufrecht erhalten können. Wir müssen uns darauf einlassen können, dass sich unser Bild von uns selbst verändern wird, und wir unser Leben und unser Verhalten diesem neuen Bild anpassen müssen.

In dieser Situation wissen wir noch nicht, was am Ende dieses Weges stehen wird, welche Zukunftsträume wir hinter uns lassen müssen, welche Gewohnheiten wir ablegen müssen, aber auch welche neuen Kräfte und Fähigkeiten uns vielleicht zuwachsen können. Diese Unsicherheit und Abschiedssituation gilt auch für eine tiefer gehende ambulante Therapie, auch wenn der Bruch sich hier allmählicher vollzieht als bei stationären Klinikaufenthalten.

Der erste Schritt zur Heilung beinhaltet in vielerlei Hinsicht ein Loslassen des Vertrauten und das Betreten von Neuland, und wird gerade deshalb gern solange aufgeschoben, bis es wirklich nicht mehr anders geht. Gerade diese Erfahrung, mit seinen eigenen Fähigkeiten, sich aus der Krise herauszuziehen, am Ende zu sein, gilt bei den Anonymen Alkoholikern als Wendepunkt in der Krankheitsgeschichte, den sie die „Kapitulation" nennen. Das Bekenntnis derer, die sich dieser Selbsthilfegruppe anschließen, lautet: „Wir haben zugegeben, dass wir dem Alkohol gegenüber machtlos sind und unser Leben nicht mehr meistern konnten. Wir kamen zu dem Glauben, dass eine Macht, größer als wir selbst, uns unsere geistige Gesundheit wiedergeben kann. Wir fassten den Entschluss, unseren Willen und unser Leben der Sorge Gottes – wie wir ihn verstanden – anzuvertrauen." Dies sind die ersten von insgesamt 12 Schritten, die nach diesem Programm auf den Weg der Heilung führen.

Inzwischen gibt es sehr viele Selbsthilfegruppen auch für andere psychische Probleme, die sich diese Gedanken zu eigen gemacht haben, und damit das Vertrauen in eine höhere Macht zur Grundlage der Heilung gemacht haben.

Diese Haltung des Loslassens zu erreichen ist nicht einfach durch bloße Willensanstrengung möglich. Loslassen wollen, um gesund zu werden, bedeutet immer noch, einen Willen zu haben, ist also kein Loslassen. Gesund werden wollen, heißt, noch immer ein Ziel haben, und auch das ist kein Loslassen. Loslassen bedeutet, kein Ziel mehr zu haben, sondern ein bedingungsloses Ja zum Leben zu sagen, und zu allem, was es bringen wird. Denn an diesem tiefsten Punkt, an dem die eigenen Kräfte verbraucht sind, gibt es nur noch eine Wahl, zu leben oder zu sterben. Wenn die Sucht das eigene Leben völlig beherrscht oder die Umklammerung der Depression alle Lebensäußerungen erstickt, bleibt an Möglichkeiten nur noch die Verzweiflung und die mehr oder weniger schnelle Weise der Selbstvernichtung, oder schließlich zu sagen, ja, dies ist mein Leben. Dieses durch Ängste, Sucht und Depression verunstaltete, beschnittene, schmerzvolle Leben ist mein Leben. Es ist das einzige, das ich habe, und ich will es erhalten, was immer es kostet. Ich nehme es an.

Das Loslassen, von dem die 12-Schritte-Programme der Selbsthilfegruppen erzählen, hat in vielerlei Hinsicht Ähnlichkeit mit dem Loslassen, das in den spirituellen Traditionen des christlichen Glaubens als Voraussetzung für die Begegnung mit Gott genannt wird. Diese Haltung, die bei den einen aus der Erfahrung der Verzweiflung über die Nutzlosigkeit des eigenen Bemühens, sich aus dem Gefängnis von Sucht oder Angst zu befreien erwächst, wird von den anderen bewusst mithilfe von Gebet oder Meditation gesucht. Beiden gemeinsam ist, dass zum einen eine Distanzierung von äußeren Werten wie Erfolg oder Anerkennung notwendig ist, zugleich aber auch ein Weggehen von mir selbst. In ihrem Buch „Die Hinreise" schreibt Dorothee Sölle dazu: „Ich muss auch mich selber verlassen, ... ich muss ohne Sorge von mir weggehen können. Ich muss mich nicht festhalten, weder an den Dingen noch an eigenen Gefühlen, zumal den depressiven, ... weil ich gehalten bin."[15]

Wegen dieser Parallelen zum spirituellen Weg der Gottsuche kann es geschehen, dass die tiefste Krise zu einer Begegnung mit Gott wird. Während wir noch das Gefühl haben, an unserem Leid zu Grunde zu gehen, ereignet sich ein ganz anderes „zum Grunde gehen" in dem Sinn, dass wir zum Urgrund allen Seins, dem Grund auch unseres Lebens, zu Gott finden.

Man darf sich dies nicht wie ein alles verdrängendes Ereignis vorstellen. Es mag so etwas bei besonders mystisch begabten und begnadeten Menschen geben. Wer hofft, das Loslassen sei eine Art von „spiritual bypass", eine Abkürzung, die an der schmerzvollen, langwierigen Auseinandersetzung mit den dunklen Seiten des Selbst vorbei zum Heilwerden führt, wird wahrscheinlich enttäuscht werden. Für mich war es eher so, dass sich zwischen all den Stimmen in meinem Innern, zwischen dieses ganze falsch gestimmte, lärmende Orchester meiner Ängste und Depressionen eine neue leise Stimme mischte, die eine Melodie von tiefem Frieden erahnen ließ. Diese Stimme erwachte nur sehr selten und war dann meist nur kurz zu hören. Aber ich fühlte mich, als hätte ich im Labyrinth meiner niederdrückendsten Gefühle und Gedanken einen

---

[15]   Sölle 1975, S. 105.

zarten Faden gefunden, an dem ich mich bei meiner Suche nach dem Weg ins Freie vorsichtig entlang tasten konnte.

Loslassen bedeutet immer auch ein Stück weit Sterben, wie es in den mystischen Bildern vom Eintauchen in tiefes Wasser ausgedrückt wird. „Du musst dich bis in den tiefsten Grund deiner entledigen. Unergründlich tief; aber wie? Fiele ein Stein in abgrundtiefes Wasser, der müsste immer weiter fallen; denn er fände keinen Grund. So sollte der Mensch unauslotbar tief sinken und tief fallen in den unergründlichen Gott und in ihn gegründet sein, was an Schwerem auch auf ihn fiele, inneres oder äußeres Leiden oder auch eigene Mängel, die Gott gar oft zu deinem eigenen Besten über dich kommen lässt."[16] Das Wasser als ein Symbol des Sterbens und Neuwerdens in Gott ist sehr weit verbreitet und findet sich heute noch in der Taufe, bei der ein neues Leben in Christus beginnt, nachdem das alte Leben vom Wasser fortgetragen wurde.

Ein anderes Bild vom Loslassen habe ich in einer Predigt über das Sterben gehört. Ein Trapezkünstler wurde gefragt, wie er es schaffe, nach einem Salto in der Luft die Hände seines Partners zu ergreifen. Er antwortete, dass er nichts weiter tue, als die Hände auszustrecken, denn es komme alles auf den Fänger an. Bei dem Akrobaten ist das Loslassen getragen vom Vertrauen in die eigene Kraft und in die Zuverlässigkeit des Partners. Unser Loslassen ist ein Ausdruck höchster Not. Unser Trapez, unsere Sicherheit hat sich als unzulänglich erwiesen. Solange wir uns verzweifelt daran klammern, können wir nicht an das rettende andere Ufer gelangen. Es ist dieser eine Moment, vor dem wir Angst haben, wenn wir frei zwischen Himmel und Erde in der Luft schweben. Es ist die Angst, ins Nichts zu fallen, vernichtet zu werden, wenn wir unsere Hände öffnen und unseren bisherigen Halt aufgeben. Aber nur durch dieses Wagnis bekommt der Fänger seine Chance. Er wartet auf uns, wartet, dass wir den Mut zum Absprung finden, damit er uns fangen, halten, retten kann.

In den Selbsthilfegruppen sind es die anderen, die ihren Sprung schon hinter sich haben, die den Mut machen, das Loslassen zu wagen, aber auch die spirituellen Schriften erzählen von der mühe-

---

[16] Seuse, S. 416.

vollen aber lohnenden Reise zum eigenen Grund. Die Fähigkeit zu diesem Loslassen ist aber nur begrenzt vom Menschen selbst zu erwerben. Es gehört dazu auch noch ein anderes Element, das wir vielleicht „Gnade" nennen können. Dies bedeutet, dass Loslassen können teilweise ein Geschenk ist, etwas, das wir nicht erzwingen können, sondern das an uns geschieht. Es erfordert manchmal viel Geduld, darauf zu warten.

3. Liebevoll mit sich selbst umgehen

Neben der Beziehung zu anderen Menschen ist meistens auch die Beziehung zu sich selbst durch die Traumatisierung gestört. Deshalb kann es ein wichtiges Ziel der Therapie sein, ein liebevolles und fürsorgliches Verhältnis zu sich selbst zu entwickeln. Gerade christlich erzogene Menschen haben jedoch oft Zweifel, ob es wirklich erlaubt ist, um das eigene Wohl besorgt zu sein, oder ob eine intensive Zuwendung zu sich selbst als egoistisch abzulehnen ist. Die Liebe zu sich selbst wird in dem obersten christlichen Gebot, „du sollst deinen Nächsten lieben wie dich selbst" zwar ausdrücklich benannt, aber dennoch wird in der christlichen Verkündigung sehr wenig Aufmerksamkeit darauf verwendet, wie richtige Selbstliebe aussehen kann. Das mag mit einem Menschenbild zusammenhängen, demzufolge der Mensch ohnehin dazu neigt, seine eigenen Interessen zu verfolgen, und deshalb keine besondere Ermunterung dazu benötigt. Aber Selbstliebe ist keineswegs so selbstverständlich, wie es auf den ersten Blick erscheint.

Wie kann eine Selbstliebe aussehen, die nicht egoistisch ist und anderen Schaden zufügt? Christliche Liebe beinhaltet immer zweierlei: Sie ist zum einen eine Haltung der Wertschätzung und Achtung, und zum anderen ein Handeln, das auf das Wohlergehen eines Menschen ausgerichtet ist. Auch die Selbstliebe hat beide Aspekte, und es ist häufig schon die Grundhaltung der Achtung gegenüber sich selbst, die durch die Traumatisierung beschädigt wurde. Wenn wir uns selbst lieben sollen, bedeutet dies, dass wir unser falsches Selbstbild korrigieren müssen. Dazu können verschiedene psychotherapeutische Methoden hilfreich sein.

Unser Selbstwertgefühl wird beeinflusst durch die Sicht, die andere für uns bedeutende Menschen (Eltern, PartnerInnen, FreundInnen) von uns haben, durch den Vergleich mit anderen, durch unsere eigenen Beobachtungen über uns selbst und durch das Maß, in dem unser Leben mit unseren Ansprüchen übereinstimmt.[17] An allen diesen Punkten können wir ansetzen, wenn wir unser Selbstbild verändern wollen: Wir hinterfragen das Urteil, das andere über uns abgeben, wir überprüfen, mit wem wir uns vergleichen und ob dieser Vergleich gerechtfertigt ist. Wir überlegen, ob unsere Selbstwahrnehmung realistisch ist, und vor allem müssen wir uns damit auseinandersetzen, welche Ansprüche wir an uns und unser Leben stellen, denn oft beruht ein negatives Selbstbild darauf, dass wir zu hohe Anforderungen an uns stellen und uns überfordern.

Bei allen diesen Überlegungen geht es um unsere Eigenschaften und unsere Fähigkeiten, die wir durch die psychische Krankheit verzerrt wahrnehmen und damit nicht richtig wertschätzen. Es gibt aber auch noch den grundlegenden Wert, den unser Leben unabhängig davon hat, wie wir sind und was wir können. Als Christen wissen wir, dass unser Wert sich noch auf etwas anderes und tieferes gründet, das uns niemand nehmen kann. Wir sind von Gott bejaht und angenommen, so wie wir sind. In dieser Hinsicht sind wir Menschen gleich, und deshalb haben wir nicht mehr aber auch nicht weniger Rechte als andere.

Der Prediger Bernhard v. Clairvaux drückt diesen Gedanken so aus: „Wie aber kannst du voll und echt Mensch sein, wenn du dich selbst verloren hast? Auch du bist ein Mensch. Damit deine Menschlichkeit allumfassend und vollkommen sein kann, musst du also nicht nur für die andern, sondern auch für dich ein aufmerksames Herz haben. ... Warum solltest einzig du selbst nichts von dir haben? Wie lange noch bist du ein Geist, der auszieht und nie wieder heimkehrt (Ps 78,39)? Du fühlst dich Weisen und Narren verpflichtet und verkennst einzig dir selbst gegenüber deine Verpflichtung? ... Bist du etwa dir selbst ein Fremder? Und bist du nicht jedem fremd, wenn du dir selber fremd bist? Ja, wer mit sich

---

[17]   Filipp, S. 129-152.

selbst schlecht umgeht, wem kann der gut sein? Denk also daran: Gönne dich dir selbst."[18]

Sich verstandesmäßig bewusst zu machen, einen Wert zu haben, der unvergänglich ist, weil er von Gott gegeben ist, kann ein erster Schritt zu einer größeren Selbstachtung sein. Einen Wert erfassen wir jedoch nur dann ganz, wenn wir ihn auch gefühlsmäßig bejahen und ihm aus tiefstem Inneren zustimmen können. Dafür kann eine im hinteren Teil abgedruckte Meditationsübung hilfreich sein, bei der wir uns der liebenden Aufmerksamkeit Gottes für uns bewusst werden und versuchen, uns mit seinen Augen zu sehen. Wenn es uns gelingt, diesen liebevollen Blick auf uns zu spüren, sind wir unserer Heilung ein gutes Stück näher gekommen.

Liebe zu sich selbst ist jedoch nicht mit der Veränderung der Einstellung gegenüber uns selbst erschöpft, sie besteht auch aus Handeln. Während bei der Liebe als Wertschätzung die Liebe zu sich selbst und zu anderen sich eher gegenseitig fördern als behindern, ändert sich diese Situation, wenn ich Liebe auch als Handeln sehe, das die Interessen eines Menschen fördert. Jeder kann nur eine Sache auf einmal machen, und daher steht die Zeit und Kraft, die ich mir selbst zugestehe, anderen nicht mehr zur Verfügung. Liebe zu sich selbst kann auf diesem Gebiet zur Liebe zu anderen in Konkurrenz treten. Ein Handeln, bei dem die eigenen Interessen auf Kosten anderer durchgesetzt werden, kann egoistisch sein, wenn es die berechtigten Ansprüche anderer verletzt.

Welche Orientierungsmaßstäbe sagen uns, wem wir im Konfliktfall den Vorzug geben sollen? In der katholischen Soziallehre findet sich eine Regel, die das christliche Liebesgebot zunächst einmal auf den Kopf zu stellen scheint. Diese Regel lautet: „Die Selbstliebe geht nach Rang und Pflicht der Liebe zum Nächsten voran."[19] Damit ist ausgedrückt, dass zunächst sich jeder um seine eigenen Interessen kümmern darf. Was ist der Sinn und das Ziel dieser Regel?

Eine Möglichkeit, eine ethische Regel zu überprüfen, besteht darin, sich auf den Standpunkt eines unparteiischen Beobachters zu stellen, der unsere Gesellschaft von außen betrachtet. Wir stellen uns also vor, wir müssten Regeln für eine Gesellschaft aufstellen, in

---

[18] Bernhard v. Clairvaux, S. 75f.
[19] Mausbach, S. 134.

der für möglichst viele Menschen ein glückliches und zufriedenes Leben möglich ist, denn wir glauben, dass eine solche Gesellschaft dem Willen Gottes entspricht. Wir fragen, wer ist in einer solchen Gesellschaft für die Bedürfnisse eines einzelnen Menschen zuständig? Die Antwort lautet: Zuständig ist immer der, der am besten geeignet ist. Und am besten geeignet ist in vielen Fällen der Betroffene selbst.[20]

Was bedeutet das in unserer Situation der psychischen Erkrankung? Wer ist am besten geeignet, etwas zur Wiederherstellung meiner Gesundheit zu tun? Welche Aufgaben kann und muss ich selbst übernehmen, wo brauche ich die Hilfe anderer? Die Bedeutung der Selbstliebe ergibt sich hier aus der Einsicht, dass wir Kranken vieles für uns selbst tun können, was uns niemand abnehmen kann. Wir selbst müssen die Entscheidung treffen, ob wir eine Therapie aufnehmen und uns ernsthaft darauf einlassen wollen. Wir selbst müssen bereit sein, unsere Lebensgewohnheiten zu ändern, sofern sie uns krank machen. Kein Arzt und kein Freund kann für uns durch den Wald joggen und keiner kann so gut wissen wie wir, ob Joggen wirklich eine Betätigung ist, die uns wohl tut. Niemand außer uns selbst kann uns lange daran hindern, Alkohol, Zigaretten oder Tabletten im Übermaß zu konsumieren. Niemand kann uns zwingen, unsere Talente und Fähigkeiten zu entfalten, niemand außer uns selbst kann unserem Drang nach Selbstzerstörung Einhalt gebieten und unsere überfordernden Ansprüche an uns selbst reduzieren.

Selbstliebe in diesem Sinn ist aber keineswegs eine natürliche Anlage im Menschen, denn sie ist nicht identisch mit Tun und Lassen, was einem gerade Spaß macht. Sie hat den Charakter einer Pflicht gegenüber sich selbst. Sie ist begründet in der Überzeugung, dass Gott von uns verlangt, dass wir alles Wertvolle schützen, bewahren und fördern sollen, also auch uns selbst.

So wie unsere Freunde und Verwandte vor einer Grenze stehen, wenn sie uns helfen wollen, ohne dass wir innerlich dazu bereit sind, so sind wir andererseits auf sie angewiesen, wenn wir allein nicht mehr weiter wissen. Das zweite Kriterium für ein angemesse-

[20] Vgl. Schüller, S. 83.

nes Verhältnis von Selbst- und Nächstenliebe ist die Frage, wer am dringendsten Fürsorge und Unterstützung braucht. Die Menschen in unserer Umgebung verdienen ebenfalls Rücksicht auf ihre Interessen, vor allem, wenn auch Kinder darunter sind. Um eine tiefgreifende traumatische Erfahrung zu verarbeiten ist sehr viel Kraft und Fürsorge notwendig, die auch an andere Familienmitgliedern sehr hohe Anforderungen stellt. Können Kinder während einer Therapie von anderen Personen ausreichend betreut werden? Wie viel Unterstützung kann ich von meinem Partner erwarten, ohne dass er selbst gesundheitlich gefährdet ist? Was kann ich den FreundInnen, die mich stützen und trösten, an Anteilnahme und Eingehen auf ihre Bedürfnisse zurückgeben? Wie viel kann ich an Einsatz für eine Sache leisten ohne mich zu überfordern? Bei all diesen kleinen und großen Entscheidungen im Alltag ist jedes Mal aufs neue mit viel Einfühlungsvermögen die Balance zwischen verschiedenen Bedürfnissen zu finden. Die Selbstliebe hat dort die wichtige Aufgabe, darüber zu wachen, dass die eigenen Bedürfnisse und Interessen im Alltagsgeschehen nicht untergehen.

4. Bilder heilender Liebe entdecken

In verschiedenen therapeutischen Ansätzen spielt die Arbeit mit inneren Bildern, Symbolen und Imaginationen eine wichtige Rolle. Dadurch kann eine größere Nähe zu den eigenen Emotionen entstehen und der Heilungsprozess auf vielfältige Weise unterstützt werden.[21]

Imaginationsübungen, die heute in der Therapie verwendet werden, greifen zum Teil sehr alte religiöse und kulturelle Traditionen auf, die in der östlichen und westlichen Spiritualität eine wichtige Rolle spielen, auch wenn es erst in den letzten Jahren wieder eine sehr bewusste Besinnung auf symbolhafte Formen christlicher Verkündigung gegeben hat. So ist nicht erstaunlich, dass sich Symbole für inneres Wachstum, die heute in der Therapie verwendet werden, in der Bibel wieder finden lassen. Der Baum ist ein solches

---

[21] Viele Beispiele dazu finden sich bei Kast, 1988.

Symbol. In der Therapie kann z.B. die Vorstellung, ein Baum zu sein, ein Gefühl dafür entstehen lassen, wie ich mich selbst in der Welt wahrnehme, ob ich mich mit dem Grund gut verwachsen, ob ich mich fruchtbar fühle.

In den Psalmen findet sich das Bild des Baumes, um den Menschen zu beschreiben, der auf Gott vertraut. Von ihm heißt es: „Er ist wie ein Baum, der an Wasserbächen gepflanzt ist, der zur rechten Zeit seine Frucht bringt, dessen Blätter nicht welken." (Ps 1,1–3) Das Bild vermittelt die Hoffnung, dass auch wir ein solcher Baum sein können. Es sagt, um wachsen zu können, ist es wichtig, Zugang zu den Wasserbächen, den inneren Quellen unseres Lebens zu finden. Manchmal müssen wir unsere Wurzeln sehr tief ins Erdreich eindringen lassen, um zu diesen Quellen der Kraft, die letztlich von Gott kommt, vorzudringen. Die Botschaft des Glaubens ist, dass diese Mühe sich lohnt, dass wir etwas finden werden, was uns stärkt und ermutigt und zur Entfaltung bringt: Gottes Liebe zu uns ist eine Liebe, die wachsen lässt. Indem wir uns für sie öffnen, erhalten wir die Nahrung, die wir brauchen, um unsere Lebensmöglichkeiten zu entfalten. Das Bild spricht auch von den Früchten, die der Baum tragen wird „zu seiner Zeit". Damit ist gemeint, dass wir nicht immer fruchtbar sein können. Nicht immer sind wir in der Lage, etwas Nützliches zu produzieren. Aber eines Tages wird uns die innere Kraft befähigen, Früchte zu tragen, d.h. auch wieder etwas von unserer Kraft nach außen tragen zu können. Bis dahin brauchen wir Geduld, das reifen zu lassen, was in uns zur Entfaltung kommen soll.

Andere imaginative Übungen sind darauf ausgerichtet, „innere Helfer" zu finden, die Trost und Halt vermitteln sollen.[22] Es kann sich dabei um Märchengestalten, Tiere oder Engel handeln, die nur gute Wesen darstellen sollen, von denen wir uns vollkommen angenommen und umsorgt fühlen dürfen. In diesen inneren Bildern können wir die Erfahrungen einer liebevollen Zuwendung machen, durch die vieles von dem, was in uns verletzt wurde, und was uns an unerfüllter Sehnsucht drückt, geheilt wird. So können wir uns in unserem inneren Raum etwas geben, was uns in der äußeren Realität verwehrt wird.

---

[22] Reddemann/Sachsse, 3/1997, S. 130.

Gerade dieser Kontrast zur gelebten Realität oder zu den Erfahrungen der eigenen Lebensgeschichte lassen aber auch tiefe Zweifel aufbrechen, ob es sich bei diesen Übungen nicht um den billigen Trick einer bloßen illusionären Flucht handelt, die das Elend des eigenen Alltags nur umso schärfer hervortreten lässt. Aus psychologischer Sicht kann gegen diesen Einwand gesagt werden, dass diese Bilder Ausdruck eigener gesunder Persönlichkeitsanteile sind, die auch ein wichtiger Teil der Realität darstellen.

Die Symbole des christlichen Glauben haben jedoch noch eine andere Beziehung zur Wirklichkeit. Sie sind Zeugnisse vergangener Menschen, nämlich unserer Väter und Mütter im Glauben, über heilende und befreiende Begegnungen mit einem liebenden Du, die sie uns in den überlieferten Geschichten und Symbolen des Glaubens als Modell des Lebens anbieten.[23] In diesen Symbolen sind in einer verdichteten und überindividuellen Form Beziehungserfahrungen aufbewahrt, die sich in der Menschheitsgeschichte ereignet haben, und nun durch die Symbole auch zu den Zeiten zugänglich sind, in denen die Ereignisse selbst der Vergangenheit angehören. Sie sind eine Einladung, sich auf diese Wirklichkeit einzulassen, die sich in der jüdisch-christlichen Überlieferung auf vielfältige Weise als „Ich-bin-da" gezeigt hat und von der eine sehr große Spannbreite liebender Fürsorge berichtet wird.

Wenn wir sehr früh verletzt wurden, dann brauchen wir zur Heilung vor allem Bilder mütterlicher Zuwendung. Dass Gott für uns auch Mutter sein möchte, ist vielen von uns viel weniger bewusst als seine väterliche Seite, die in der Verkündigung immer eine wesentlich größere Rolle eingenommen hat. Doch finden wir oft sehr verdeckt in der Bibel auch einige Zeugnisse seiner bzw. ihrer mütterlichen Liebe. So heißt es in Jes 49,15: „Wird denn eine Mutter ihr Kindlein vergessen, eine Mutter ihren leiblichen Sohn? Und selbst wenn sie ihn vergisst: ich vergesse dich nicht." Obwohl dieser Text schon etwa 2500 Jahre alt ist und aus einer völlig anderen kulturellen Umwelt stammt, enthält er eine bittere Erfahrung, die auch Kinder heute noch treffen kann: Manchmal vergessen Mütter ihre Kinder, auch wenn mütterliche Liebe eine der tiefsten

---

[23] Wahl, 1994, S. 505.

und umfassendsten Formen menschlicher Liebe ist und deshalb auch zum Vergleich mit Gott genommen wird. Doch menschliche Mütter sind nicht vollkommen und können ihre Kinder vergessen, sei es im Kampf um die eigene wirtschaftliche Existenz, auf Grund von Krankheit und anderen Belastungen oder bei der Suche nach dem eigenen Lebensglück. Gerade wenn wir auf derartige Erfahrungen in unserem Leben zurückblicken, ist es wichtig, diese Zusage Gottes aufzunehmen, dass er uns „in seine Hände eingeschrieben hat" (Jes 49,16) und verspricht, für uns da zu sein.

Für die Art mütterlicher Zuwendung Gottes gibt es weitere Bilder, die eine sehr zärtliche Liebe anschaulich werden lassen, indem sie auf die Situation des Stillens Bezug nehmen.[24] „Ich war für sie die, die ihren Säugling an die Wangen halten. Ich neigte mich zu ihm und gab ihm zu essen." (Hos 11,4) Die Situation des gestillten Kindes ist auch in einem anderen Bild angesprochen. „Ich ließ meine Seele ruhig werden und still; wie ein kleines Kind bei der Mutter ist meine Seele still in mir." (Ps 131,2) Wer jemals ein Kind gestillt oder dabei zugesehen hat, kann eine Vorstellung davon entwickeln, wie es ist, in den Armen fest gehalten zu werden, die Wärme der körperlichen Nähe zu spüren, auf den beruhigenden Herzschlag der Mutter zu lauschen, und die tiefe Befriedigung nachempfinden, in seinen elementaren Bedürfnissen gesättigt zu werden und im Einklang mit sich und der Welt um sich herum zu sein. Es ist ein Bild der tiefsten Geborgenheit und des Friedens.

Ein weiteres sehr altes Bild für die Fürsorglichkeit Gottes wird von Jesus aufgegriffen, als er zu Jerusalem sagt: „Wie oft wollte ich deine Kinder um mich sammeln, so wie eine Henne ihre Küken unter ihre Flügel nimmt, aber ihr habt mich nicht gewollt." (Mt 23,37) Ganz nah bei sich möchte Gott uns haben, um uns unter seinen Flügeln zu beschützen. Trotz unserer Kleinheit und Schwäche brauchen wir keine Angst zu haben und können uns vertrauensvoll unter Gottes Fittiche begeben. Oft sind wir jedoch wie die Küken, die sich nicht einsammeln lassen wollen, weil wir unsere Wachsamkeit und unsere Kontrolle über uns nicht aufgeben können und uns gegen fürsorgliche Liebe sperren.

---

[24] Vgl. Mollenkott, S. 26f.

Richtige elterliche Liebe hat aber auch noch einen ganz anderen Aspekt als Schutz und Fürsorglichkeit. Sie lässt Kinder zu großen und freien Menschen heranwachsen und gibt dazu den notwendigen Raum und die notwendige Unterstützung. Ein Bild, das zeigt, wie Gottes Liebe auf Wachstum und Autonomie ausgerichtet ist, findet sich in Dtn 32,11: Gott ist „wie der Adler, der sein Nest beschützt und über seinen Jungen schwebt, der seine Schwingen ausbreitet, ein Junges ergreift und es flügelschlagend davonträgt." Hier wird das Naturschauspiel beschrieben, wie das Adlerweibchen seine Jungen das Fliegen lehrt, das den Menschen der Bibel noch vertraut war.[25] Die Adlermutter nimmt ihre Jungen aus dem Nest und lässt sie dann fallen. Die Jungen versuchen, plötzlich ohne Halt, im freien Fall ihre Flügel auszubreiten. Oft gelingt es ihnen zunächst nur ganz kurz, sich in der Schwebe zu halten. Dann fängt das Weibchen die Jungen wieder auf, trägt sie eine Weile, um sie dann wieder zum nächsten Flugversuch fallen zu lassen. Langsam entdecken die Jungen ihre eigenen Flügel zu gebrauchen, sodass sie schließlich mit ihren eigenen Schwingen sich frei in die Lüfte emporheben können. Gottes Liebe will uns nicht klein machen oder abhängig halten, sondern zu eigener Freiheit und Stärke ermutigen.

Das Bild von den Adlerjungen zeigt aber auch, dass es bis dahin ein weiter und beschwerlicher Weg ist. Dieses Gefühl, immer wieder ins Nichts zu fallen, ist für jeden in einer tiefen seelischen Krise nur zu vertraut. Das Bild vom Adler vermittelt uns Hoffnung, dass wir immer wieder aufgefangen werden, bevor wir am Boden zerschellen. Es ist aber gleichzeitig eine Aufforderung, unsere Flügel zu gebrauchen, und unsere Kräfte zu entdecken. Das Fliegen lernen ist mit Angst und Mühe verbunden, doch zeigt es auch ein Ziel: Der schließlich am Himmel frei schwebende Adler vermittelt ein Gefühl von der Größe und der Freiheit, zu der uns Gott berufen hat.

Gott möchte auf beide Arten für uns da sein: uns Schutz und Geborgenheit vermitteln, aber auch Kraft und Ermutigung geben. Wir selbst dürfen beides annehmen: unser Bedürfnis nach Umsorgtwerden, das in jedem Menschen gleich welchen Alters seine Legitimi-

---

[25] Vgl. Mollenkott, S. 86f.

tät behält, aber auch unser Bestreben nach Unabhängigkeit und Stärke. Zwischen diesen beiden Polen können wir hin und her pendeln und uns weder durch pausenlose Aktivität erschöpfen, noch in falscher Bescheidenheit im Nest hocken bleiben.

Sich solche Bilder der Bibel mithilfe der Vorstellungskraft anzueignen hat in der christlichen Spiritualität eine lange Tradition.[26] Indem wir uns auf diesen Weg einlassen, können wir vielleicht wenigstens für einige Momente die Erfahrung einer Geborgenheit machen, die größer ist als die, die uns von Menschen gewährt werden kann.

C. Spirituelle Wegbegleitung

1. Gebete

gott
ich bin auf dich
zurückgekommen
als ich sprachlos wurde
gott
ich bin auf dich
zurückgekommen
als sie mir sagten
da ist keine rettung mehr
gott
ich bin auf dich zurückgefallen
als die düsen
aussetzten
als das triebwerk
aussetzte
als mein herz
aussetzte

[26] Bleistein, S. 144.

als kein gleitflug
mehr möglich war
als kein fallschirm
mehr aufging
als alles aus war
da bin ich
auf dich
zurückgefallen
gott
wohin sollte
ich sonst
fallen
auf dich
oder ins nichts
denn niemand war da
der mich auffing.

Wilhelm Willms

Fange auf

... *die Angst meiner Träume,*
   die aus den Tiefen meiner Seele aufsteigt.

... *die Angst vor der unbewältigten Zukunft,*
   die wie ein Gebirge sich auftürmt.
   Was soll aus mir werden,
   so wie ich jetzt bin?

... *die Angst, mich selbst nicht mehr ver-*
   sorgen zu können und zur Last zu fallen.

... *die Angst, mich selbst aufzugeben,*
   mich wertlos zu fühlen.

... die Angst vor den vielen Engpässen
und Abgründen, die ich sehe.

... die Schwindel erregende Angst,
ins Bodenlose zu fallen.

Fange mich auf!

Führe mich kleine Wege.
Öffne mir neue Türen.
Lasse mir Zeit.
Hilf mir Schritt um Schritt
Vergiss mich nicht.

Wolfgang Müller-Welser

Schutzgebet

Versteck mich bei dir Gott
Ich bin auf der Flucht
Vor Augen und Händen in meine Seele eingebrannt
alles schmeckt nach ihm meinem Vater

Lass mich schlüpfen unter deine sanften Flügel Gott
Nimm mich auf in deine Geborgenheit
in deine Nähe traut er sich nicht
da bin ich ganz sicher

Tauch mich ein
In dein heiliges Strömen Gott
Damit ich mich nie wieder hassen muss
wasch ab was von meinem Feind noch an mir klebt
trockne mich mit deinen Strahlen

Wie ein Küken möcht' ich sein das du aufsammelst Gott
und fütterst mit Geschichten und Liedern
Geschichten in denen du die Stärkere bist
und die Treueste für alle die dich lieben.

Carola Moosbach

*

Der Herr ist mein Arzt

Der Herr ist mein Arzt,
Heilung geht von ihm aus.
Er nimmt mich an,
gibt mir Zeit und Raum,
lässt mich zur Ruhe kommen
und genesen.
Das Leben bringt er mir zurück,
zeigt mir sein Ziel
und wie ich gehen kann.
Wenn mich mein Weg
Durch Leiden zwängt,
verloren gebe ich mich nicht,
denn du bist mir Trost und Halt,
auf den ich mich verlassen kann.
Du holst mich
aus meiner Einsamkeit
inmitten lähmender Bedrohung
lädst du mich ein zum Fest
des Lebens.
Du begleitest mich
auf meinen Wegen,
du bist mir nah,
umsorgst mich Tag und Nacht.
Heilung geht von dir aus,
und ich werde zu dir kommen
mein Leben lang.

nach Psalm 23

Baumgebet

Lass meine füße
in die erde wurzeln
und meine arme
in den himmel wachsen

lass mein herz
in bunten blüten träumen
und meine seele knospen treiben

lass jedes blatt
mich vor den mund nehmen
und etwas schmecken von dem morgen

lass meine haut
zur rinde heilen
und alte wunden sanft verharzen

lass neue äste
aus mir sprossen
und meine alten sterben

lass meinen leib
zum stamm gedeihen
und leben aus ihm sprießen

lass mich
in wildem garten wachsen
und meine krone nicht beschneiden

Werner Kallen

2. Meditation

In der Traumatherapie werden auch Übungen verwendet, die helfen sollen, ein liebevolleres Verhältnis zu sich selbst zu gewinnen. Dazu kann man sich vorstellen, von einer weisen Person, die uns ganz wohl wollend und unterstützend gegenüber steht, beraten zu werden. Die Ratschläge dieser „inneren Weisheit" vermitteln einen neuen Zugang zu den eigenen Problemen und zu sich selbst.[27]

Eine ähnliche Übung ist fester Bestandteil der so genannten „Exerzitien im Alltag". Diese Exerzitienform soll die spirituelle Tradition des Hl. Ignatius v. Loyola für den Lebensalltag der Menschen der heutigen Zeit fruchtbar werden lassen. Sie werden in vielen katholischen Gemeinden in der Advents- und Fastenzeit angeboten. Während dieser Zeit soll an jedem Abend ein Tagesrückblick gehalten werden, der mich meinen Tag noch einmal unter dem liebenden Blick Gottes bewusst wahrnehmen lässt. Dies geschieht in dem „Gebet der liebenden Aufmerksamkeit".

Ich nehme wahr, wie ich jetzt bin. Ich richte mich innerlich auf Jesus Christus hin aus, so, wie mir das jetzt möglich ist. Ich bitte ihn, dass Er mir hilft, mich und meinen Tag heute mit offenen Augen und Ohren wahrnehmen zu können. Ich schaue, was mich jetzt bewegt und berührt von dem, was ich heute erlebt habe:

Sein liebevoller Blick auf mich erinnert mich daran, selbst mit Liebe (ohne Wertung und Urteil) zurückzublicken, wie ich heute
– mit anderen
– mit Gott
– mit mir selbst umgegangen bin

Ich blicke hin, wo ich gespürt habe
– Ermutigung
– Trost
– Hoffnung

---

[27] Vgl. Reddemann/Sachsse, 3/1997, S. 130.

Und auch dahin, wo ich gespürt habe
- *Misstrauen*
- *Angst*
- *Entmutigung*

Ich bringe vor ihn, wie im Gespräch mit einem guten Freund,
einer guten Freundin
- *Bitte*
- *Dank*
- *Klage*
- *Lob*

Aus Anne Granda

III. Sich dem Schmerz öffnen

A. Die eigenen Verletzungen wahrnehmen

1. Erinnern, was geschehen ist

Für die Therapie stellt sich irgendwann die Frage, ob die traumatischen Erlebnisse der Vergangenheit aufgedeckt und aufgearbeitet werden sollten oder ob eine Konzentration auf das hier und heute Mögliche sinnvoller ist. Diese Entscheidung ist nicht leicht, weil die Wiederbelebung traumatischer Erfahrungen immer sehr schmerzhaft und häufig sehr langwierig ist. Wenn die innere Abwehr noch stark genug ist, die Gewalterfahrungen verdrängt zu halten, und die Angstgefühle mit verschiedenen Entspannungstechniken unter Kontrolle gebracht werden können, sodass ein befriedigendes Alltagsleben möglich ist, müssen die Wunden der Vergangenheit nicht unbedingt wieder aufgebrochen werden. Auch im anderen Extrem, wenn überhaupt keine grundlegende Stabilität erreicht werden kann, ist es oft besser, die Vergangenheit ruhen zu lassen, weil keine ausreichende Grundlage dafür besteht, das Geschehene verarbeiten zu können.

Wenn jedoch ohnehin immer wieder Bilder von erfahrener Gewalt im Bewusstsein auftauchen oder das Verdrängen der traumatischen Erlebnisse einen hohen Aufwand an Lebensenergie erfordert, ist es ratsam, sich den Wurzeln des gegenwärtigen Leides zuzuwenden.

Das Erinnern ist ein Prozess, der in mehreren Stufen abläuft. Zunächst geht es darum, festzustellen, was überhaupt geschehen ist. Manchmal gibt es Erinnerungen an bedrohliche Ereignisse, wie Gewalterfahrungen, Unfälle oder Krankenhausaufenthalte, die jedoch nicht in ihrer Tragweite für die psychischen Leiden erkannt werden. Manchmal kommen erst in der Therapie die ersten Erinnerungen an bedrohliche Situationen der Kindheit zum Vorschein.

Gerade wenn sich sehr tiefe Verletzungen, wie sexueller Missbrauch auf diese Weise zeigen, ist es sehr schwer zu glauben, dass diese Ereignisse wirklich geschehen sind. Frauen fragen sich dann oft: „Was ist mir wirklich passiert? Ist es wirklich wahr, dass ich missbraucht worden bin oder bilde ich mir das nur ein? Habe ich den Missbrauch erfunden, um mich interessant zu machen oder war es ein Traumbild, das ich mit der Wirklichkeit verwechselt habe?"[1] Oft ist es nicht möglich, von außen eine Bestätigung dafür zu erhalten, dass das nun wieder Erinnerte wirklich geschehen ist. Je mehr an Einzelheiten des Ortes und der Zeit wieder im Gedächtnis auftauchen, wie z.B. Küchengerüche oder Tapetenmuster, desto mehr gewinnt das Geschehene für die Betroffenen selbst an Wahrscheinlichkeit. Die Echtheit der Erinnerungen kann in einem juristischen Sinn häufig nicht nachgewiesen werden. Das Empfinden, missbraucht worden zu sein, kann z.B. auch Ausdruck einer ähnlich gelagerten Verletzung sein, die in den grundlegenden zerstörerischen Beziehungsmustern der Mißbrauchssituation vergleichbar ist.[2] Oft bleibt nur die Möglichkeit, der eigenen Wahrnehmung zu vertrauen und das, was im eigenen Inneren zum Vorschein kommt als die eigene Wahrheit anzuerkennen.

2. Die verlorenen Gefühle wieder finden

Die Erinnerung an das, was geschehen ist, reicht allein nicht aus, um wieder heil zu werden. Auch die damaligen verdrängten Gefühle von Angst, Entsetzen, Ohnmacht und Scham müssen wieder gefunden werden. Dies ist der schmerzhafteste und härteste Teil der Therapie, der nur mit äußerster Vorsicht angegangen werden darf, da Intensität der Gefühle bis an die Grenze der Unerträglichkeit reichen kann.

---

[1] Wirtz, S. 196.
[2] Vgl. Mayr, S.229–237.

Es gibt verschiedene Wege, um Zugang zu diesen verdrängten Seelenanteilen zu bekommen. Wenn ausreichende Erinnerungen da sind, kann die schrittweise Rekonstruktion der Vergangenheit dazu führen, dass im geschützten therapeutischen Raum die verdrängten Gefühle wieder erfahrbar werden. Oft sind auch Gefühle, die in der Gegenwart in bestimmten Situationen auftauchen, z. B. von Bedrohung oder Verlassensein, ein Tor, um zu den verdrängten Gefühlen der eigenen Lebensgeschichte vorzudringen. So kann langsam ein zusammenhängendes Bild von den erfahrenen Verletzungen entstehen, das alle darin enthaltenen Empfindungen wieder spürbar werden lässt.

In der Psychoanalyse wurde eine weitere Methode entwickelt, um vergessene lebensgeschichtlich bedeutsame Ereignisse aufzuspüren. Sie besteht darin, das Augenmerk darauf zu richten, was sich in der Beziehung zwischen Therapeut und Patient abspielt. Dies kann deshalb ein wichtiger Hinweis auf die verdrängten Gefühle sein, weil traumatisierte Menschen dazu neigen, die mit der Verletzung verbundenen Reaktionsweisen in späteren Beziehungen unbewusst zu wiederholen. Dieser Vorgang wird Übertragung genannt. Gerade wenn die Verletzungen sehr früh erfolgt sind, kann es sein, dass dieser Wiederholungszwang die einzige Form ist, in der die Erinnerungen an das Erlebte sichtbar werden.[3]

Es gibt auch einige Methoden, bei denen gezielt eine Bewusstseinsänderung herbeigeführt wird, um verdrängtes Material hervorzuholen. Dies geschah schon sehr früh in der Hypnose, und ist heute in sehr vielen verschiedenen Formen weiter ausdifferenziert worden. Auf der einen Seite steht dabei die Erwartung, durch eine sehr intensive Wiederbelebung der traumatischen Erfahrungen schnelle Erfolge bei der Reduzierung von Symptomen erzielen zu können, auf der anderen Seite besteht die Gefahr, durch eine nicht sorgfältig durchgeführte Behandlung neu traumatisiert zu werden. Zu bedenken ist auch die Frage, ob das auf diese Weise aus der Verdrängung geholte Material auch sinnvoll therapeutisch ins Bewusstsein integriert werden kann.[4] Die Alternative besteht darin, darauf zu ver-

---

[3] Vgl. Holderegger, S. 22.
[4] Vgl. Wirtz.

trauen, dass verdrängte Erinnerungen dann von selbst im Bewusstsein auftauchen, wenn in der Therapie ein genügend sicherer Raum geschaffen ist, um diese Erinnerungen zu bearbeiten und das eigene Ich eine Stabilität erreicht hat, die es ermöglicht, die schmerzvolle Auseinandersetzung mit der Vergangenheit zu bestehen.

Bei der Entscheidung darüber, wann und wie eine Konfrontation mit den Kindheitsereignissen stattfindet, ist es wichtig, auf die eigene innere Stimme zu achten. Auf keinen Fall sollte von der Therapeutin Druck ausgeübt werden, da dies eine Grenzverletzung darstellt. Vorsicht ist auch geboten, wenn mit unrealistischen Versprechungen die schnelle Offenlegung traumatischer Erfahrungen in stationären Kurzzeittherapien empfohlen wird, denn solche Behandlungen lassen den Patienten oder die Patientin mit einem Berg neuer Erinnerungen zurück, die er ohne entsprechende Anleitung und Unterstützung nicht bewältigen kann.[5] Sich dem kindlichen Schmerz zu öffnen, ist nur heilsam, wenn das eigene Ich stark genug ist, diesen Schmerz zu bearbeiten, wenn in der Gegenwart keine missbrauchenden Beziehungen bestehen, sondern ein unterstützendes Umfeld vorhanden ist, und eine vertrauensvolle therapeutische Beziehung besteht, in der die Kindheitsverletzungen mit allen sich daraus ergebenden Konsequenzen durchgesprochen werden können.

Wenn der Schmerz, der lange verdrängt wurde, neu aufbricht, ist dies nicht ein einmaliger Vorgang, der auf die Therapiestunden, in denen diese Verletzungen angesehen werden, beschränkt bleibt. Genau wie der Schmerz beim Verlust eines geliebten Menschen, der noch nach Jahren mit abnehmender Intensität spürbar bleibt, wird der Schmerz über die vermisste Geborgenheit der Kindheit meist für eine längere Zeit zum ständigen Begleiter. So erlebe ich, gerade wenn ich zur Ruhe komme und meine Alltagsgeschäfte erledigt habe, dass die alten Schmerzen wieder hervorbrechen. Wenn ich dann zornig auf mich selber werde, weil ich diese alten Gefühle nicht einfach abschütteln kann, gleite ich leicht noch tiefer ab. Darum versuche ich heute, den Schmerz hinzunehmen und nicht gewaltsam gegen ihn anzukämpfen oder ihn zu betäuben.

[5] Vgl. Herman, S. 260

Es ist sehr schwer, außerhalb der Therapie Menschen zu finden, die dies nachempfinden können. So ist es eine alltägliche Reaktionsweise, einem Menschen, der von seiner schweren Kindheit erzählt, mit den Worten zu begegnen: „Aber das ist doch alles lange vorbei! Lebe doch jetzt dein eigenes Leben!" Diese gut gemeinten Ratschläge helfen jedoch wenig. Wenn es auch richtig ist, sich nicht in Grübeleien über die Vergangenheit zu verlieren, kann es zur Heilung beitragen, den Schmerz der Vergangenheit nicht weiter zu verdrängen, sondern ihn langsam heilen zu lassen.

3. Sich vom falschen Selbst befreien

Die Auseinandersetzung mit der Kindheit öffnet auch die Augen dafür, welche zerstörerischen Auswirkungen die erfahrenen Verletzungen auf das Selbstwertgefühl eines Menschen haben und wie sie in Folge von quälenden Gefühlen, falschen Denkmustern und selbstschädigenden Verhaltensweisen im Erwachsenen fortwirken. „Wie man als Kind behandelt worden ist, so behandelt man sich später ein ganzes Leben lang,"[6] fasst A. Miller diesen Vorgang zusammen. Als Beispiel nennt sie ein magersüchtiges Mädchen, das die einengende Erziehung zu einem gut funktionierenden, leistungsstarken und von vielen Menschen bewunderten Mädchen weiterführt, indem sie die erfahrene Überwachung und Kontrolle und die Ignorierung ihrer wahren Bedürfnisse im Kampf gegen den eigenen Körper fortsetzt.[7]

Aber nicht nur das Verhalten, sondern auch das Denken kann entscheidend durch frühe Erfahrungen beeinflusst werden. Ein Kind, das von seinen Eltern geschlagen wird, ist in einer schwierigen Situation, weil es seine Eltern liebt und von ihnen abhängig ist. Sein Bedürfnis nach Gemeinschaft und Zugehörigkeit ist so groß, dass es keine innere Distanz zu seinen Eltern wahren kann. Es liebt seine Eltern und ist emotional von ihnen abhängig. Es hat auch noch keine Wertmaßstäbe, die es dem Verhalten seiner Eltern ent-

---

[6] Miller, S. 158.
[7] Vgl. Miller, S. 156.

gegensetzen könnte. So dringen die äußeren Schläge auch in das Innere des Kindes ein und zerstören seine Selbstachtung. Unfähig, den Schlagenden zu hassen, weil er eine Person ist, auf die das Kind angewiesen ist, akzeptiert es die Botschaft der Schläge: „Du bist nichts wert. Du hast versagt. Du verdienst nichts anderes." Es ist für das Kind leichter zu akzeptieren, dass es Strafe verdient hat, als dass die Menschen, die es liebt, böse sind. Zurückbleibt für das spätere Leben ein Empfinden von Selbstzweifel und Wertlosigkeit, das sich vielleicht durch vielerlei Aktivitäten überdecken, aber nie ganz zum Verschwinden bringen lässt.

Noch vernichtender ist die Zerstörungskraft des sexuellen Missbrauchs, auch wenn in den meisten Fällen keine physische Gewalt angewendet wird. Durch das Fehlen von physischer Gewalt sind die Auswirkungen auf das Selbstbild subtiler, und es ist schwer, sich von ihnen zu distanzieren. Missbrauchende Männer rechtfertigen sich selbst oft mit absurden Vorstellungen, vom Kind zum sexuellen Kontakt herausgefordert worden zu sein. Über ein vierjähriges Kind sagte der Täter: „Sie benahm sich wie eine Hure. Sie stieg aus der Badewanne und lief nackt ums Haus", und ein anderer über ein zweijähriges Kind: „Sie wusste, was sie wollte und sie bekam es."[8] So wird dem Kind die Verantwortung für die Tat zugeschoben und sein mangelnder Widerstand als Einverständnis aufgefasst.

Auch für die Kinder selber ist es leichter, sich selbst die Schuld zu geben, als die eigene Ohnmacht zu sehen, und viele möchten deshalb auch später noch an ihrer Verantwortlichkeit festhalten, wie eine Patientin, die sagte: „Ich weiß, ich war erst fünf Jahre alt, aber ich war außergewöhnlich intelligent für eine Fünfjährige. Ich hätte einen Ausweg finden müssen."[9] Sich von dieser Sicht zu lösen, heißt die Tat als das zu sehen, was sie bei einem nahe stehenden Missbraucher immer ist: Verrat von kindlichem Vertrauen. Die Erkenntnis, von einem geliebten Menschen verraten worden zu sein, ist oft schmerzhafter, als sich selbst die Schuld zu geben. Auch die Scham darüber, ohnmächtig und schwach gewesen zu sein, kann schwerer zu ertragen sein, als sich selbst die Mitschuld

---

[8] Vgl. Salter, S. 114.
[9] Bass/Davis, S. 96.

86

zu geben. Ein Gefühl für die eigene Integrität und Würde aber entsteht auf diese Weise nicht.

Der große Einfluss solcher Erfahrungen auf das Selbstwertgefühl eines Menschen ist möglich, weil sich das Selbst in Beziehung mit anderen Menschen entwickelt, unter denen die Eltern die wichtigste Rolle einnehmen. Die Notwendigkeit, diese Beziehung zu den wichtigsten Menschen seines Lebens zu erhalten ist so stark, dass diese Bindung unbewusst sogar dann aufrechterhalten wird, wenn sie die Entwicklung des eigenen Ichs blockiert. Im Fall von Gewalt, Unterdrückung und Bedrohung bewirkt diese tiefe Bindung, dass aus der äußeren Bedrohung ein „innerer Aggressor" wird, der in Form von Abwertung und Selbstzweifel seine Herrschaft auch über das inzwischen erwachsen gewordene Kind ausübt.

Bei traumatischen Verlusterfahrungen durch Trennung oder Tod kann diese Bindung auch eine andere, idealisierende Form annehmen. Kinder versuchen die Treue zu den verlorenen Elternteilen zu erhalten, indem sie sich mit deren Lebensentwürfen identifizieren. So schildert die Psychotherapeutin Marlene Leist das Beispiel eines Geschwisterpaars, das vom Unfalltod beider Eltern betroffen war, und sich darin rettete, zwanghaft an den von den Eltern eingeführten Riten und Bräuchen festzuhalten.[10] Zwar konnte auf diese Weise die Bindung und auch ein gewisses Gefühl von Geborgenheit erhalten bleiben, aber dennoch wurde die altersgemäße Entwicklung einer eigenen Persönlichkeit verhindert und das eigene Selbst aufgegeben, um die Bindung zu erhalten.

Diese verinnerlichten, aber dennoch oft nicht bewussten Vorgänge im eigenen Leben zu erkennen, ist sehr schwierig, schmerzhaft und manchmal auch beschämend. Die verdrängten Gefühle wieder zulassen zu können, und sich ganz in die Situation des verletzten Kindes zurückzuversetzen, setzt eine sehr vertrauensvolle Atmosphäre in der therapeutischen Beziehung voraus. Nur in der Erfahrung mitmenschlicher Nähe kann es gelingen, sich aus Bindungen zu lösen, die zwar einengend waren, aber auch für das bisherige Leben den grundlegenden Halt gegeben haben. Behutsamkeit und Geduld sind auf diesem Weg wichtige Begleiter, der dann jedoch

---

[10] Vgl. Leist, S. 88.

auch zu einer sehr befreienden und beglückenden Erfahrung werden kann.

B. Der Gott der Leidenden und Unterdrückten

1. Werden wie die Kinder

Auf dem bitteren Weg durch die Landschaften der Kindheit können einige Bibelstellen begleiten, die Aussagen über Kinder enthalten. Eine ganz neue Aktualität gewinnt in dieser Situation die Stelle: „Wenn ihr nicht werdet wie die Kinder, dann werdet ihr nicht ins Himmelreich gelangen." (Mt 18, 3) Denn müssen wir nicht zur Heilung wieder zu Kindern werden, und sollte dies vielleicht trotz allen Schmerzes auch positive Seiten haben?

Um Missverständnissen vorzubeugen, ist es mir wichtig, festzustellen, dass das Zum-Kind-Werden in der Psychotherapie in einem anderen Kontext steht als in der Theologie. In der Psychotherapie ist die Rückerinnerung an kindliche Erfahrungen ein Mittel, um die Symptome einer psychischen Krankheit zu heilen. Alle Verfahren, die dazu dienen, zu diesen frühen Erlebnissen vorzudringen, müssen sich daran messen lassen, ob die dabei hervorgerufenen Schmerzen in einem sinnvollen Verhältnis zu der erreichbaren Verbesserung des Gesundheitszustandes stehen. Das „Werden wie ein Kind" ist in diesem Kontext nicht Selbstzweck, und es ist sorgfältig zu prüfen, ob und in welchem Umfang es notwendig ist.

Die biblische Forderung, wie ein Kind zu werden, zielt in eine andere Richtung, denn sie ruft nicht dazu auf, speziell in die eigene Kindheit zurückzukehren, sondern allgemeine Eigenschaften von Kindern anzunehmen. Sie ist auch nicht nur an Kranke gerichtet, sondern lädt alle Erwachsenen dazu ein, sich auf die Perspektive eines Kindes einzulassen. Trotzdem gibt es eine Verbindung zwischen der theologischen und der psychotherapeutischen Bedeutung dieses Prozesses, denn wer in der Therapie sich mit den eigenen Erlebnissen auseinandergesetzt hat, für den bietet diese Erfahrung den Schlüssel, um zu verstehen, was mit der biblischen Botschaft gemeint ist.

Jesus hatte mit seinen Worten nicht eine Idealvorstellung von Kind im Sinn, so wie es später oft verstanden wurde, als sollten wir „brav", „gehorsam", „demütig" und „einfältig" werden. Seine Aussage hatte die soziale Stellung des Kindes im Blick, die in der damaligen antiken Welt sehr niedrig war. Nicht umsonst bedeutete das griechische Wort für Kind gleichzeitig auch „Sklave".[11] Die für Jesus wichtigen Eigenschaften sind seine Ohnmacht, seine Hilflosigkeit und seine Verletzbarkeit. Wer ins Himmelreich gelangen will, muss bereit sein, diese Eigenschaften anzunehmen und von seiner Macht abzugeben und darauf verzichten, alles durch eigene Leistung erreichen zu wollen, dann wird er zu denen gehören, denen Gott nahe ist. Diese Deutung der Aufforderung, zu werden wie ein Kind, ist vor dem Hintergrund des Rangstreits unter den Jüngern zu verstehen. Sie standen in Konkurrenz zueinander und wollten von Jesus wissen, wer nun für Gott der wichtigste sei (Mt 18,1). Seine Antwort wird wohl enttäuschend für sie gewesen sein, wenn sie gehofft hatten, sich vielleicht durch besondere Tüchtigkeit oder größere Einsicht eine besondere Stellung im Gottesreich erarbeiten zu können. Jesus stellt dagegen klar, dass die Ohnmächtigen, die Schwachen und nicht Leistungsfähigen für Gott die wichtigsten sind.

Ein schönes Bild bekräftigt diese besondere Nähe und Fürsorglichkeit Gottes zu den Kleinen, wenn es heißt: „Ihre Engel sehen in den Himmeln jederzeit das Antlitz meines Vaters" (Mt 18,10). Es greift die Vorstellung vom persönlichen Schutzengel auf, die in verschiedenen antiken Mythen beheimatet ist[12], und hier so ausgeschmückt wird, dass diese Schutzengel der Kinder jederzeit Zugang zu Gott finden, um ihm vom Wohlergehen dieses Kindes zu berichten. Dieses Bild enthält eine sehr anschauliche Vision von einem Zustand des Behütet- und Umsorgtseins, die auf die Sehnsucht des Menschen nach einem Schutz, der menschliches Vermögen übersteigt, Antwort gibt.

---

[11] Vgl. Luz: Das Evangelium nach Matthäus. Bd. 3. Zürich. 1997. S. 14–15.
[12] Vgl. Luz, S. 29.

Diese Bibelstellen können wir als Zusicherung verstehen, für Gott wertvoll zu sein, ohne dafür Leistungsfähigkeit und Stärke aufweisen zu müssen, und dass wir sogar in unserem geschwächten Zustand des psychischen Leids Gott vielleicht näher sind, als in den Zeiten der Stärke. Es ist nicht so, dass Gott starke Seiten nicht anerkennt, denn auch diese sind eine Gabe Gottes, aber er wendet sich besonders denen zu, die ihn brauchen. „Nicht die Gesunden brauchen den Arzt", sagt Jesus, „sondern die Kranken" (Lk 5,31).

Die Phase der Verletzbarkeit und Trauer kann für religiöse Erfahrungen offener werden lassen, wenn klein zu werden wie ein Kind auch bedeutet, die inneren Fühler nach Hilfe auszustrecken und empfänglicher zu werden für die Liebe Gottes. Kind sein im biblischen Sinn ist mit der Fähigkeit verbunden, in der Liebe zu wachsen. Gott lädt uns ein, sich seiner Liebe zu öffnen, und uns zu einem neuen Leben zu führen.

In der Kinderstelle im Mt-Evangelium heißt es auch: „Wer von euch einen dieser Kleinen aufnimmt, nimmt mich auf" (Mt 18,5). Für Kinder zu sorgen galt immer als eine niedrige Beschäftigung, zu der sich Männer nicht herabließen und die wohlhabende Frauen ihren Dienerinnen überließen. Im Rahmen einer Therapie kann „ein Kind aufnehmen" heißen, das Kind in sich selbst anzunehmen und zu pflegen, damit es Mut findet und seinen Schmerz überwinden kann. Auch das ist keine Beschäftigung, die von außen beachtet oder anerkannt wird. Sie vollzieht sich still und ist dennoch von großer Wichtigkeit. Dazu kann es gehören, Aktivitäten einzuschränken, um Zeit für Erinnerung zu haben, Musik zu hören, die gut tut, oder selbst Musik zu machen, spielerisch Sport zu betreiben, in der Wohnung neue Bilder aufzuhängen, die Freude bereiten oder selbst Bilder zu malen und vieles mehr. So können wir uns eine heimelige Atmosphäre schaffen, in der wir uns trotz unserer Traurigkeiten geborgen fühlen. So können wir auch selbst unsere kindlichen Seiten ernst nehmen und wertschätzen.

2. Wo ist Gott?

Ein Kind leiden zu sehen, ist die härteste und bitterste Konfrontation mit dem Leid, denn ein Kind hat die geringste Chance, sich dem Leid zu entziehen, und ist völlig wehrlos seinen Peinigern ausgeliefert. Dieses haut nah zu erfahren oder in der Therapie wieder aufleben zu lassen, führt zu den tiefsten Zweifeln an einen guten und gerechten Gott. Für eine Frau, die sich an ihren sexuellen Missbrauch erinnerte, war dies gleichzeitig das Ende ihrer Beziehung zu Gott: „Das Erste, was ich dachte, war: ‚Was ist das für ein Gott, an den ich da glaube?' Ein kleines Mädchen war geschlagen und vergewaltigt worden, und kein Gott hatte irgendetwas dagegen getan.… Je mehr ich erinnerte, desto klarer wurde mir, dass ich Gott völlig egal war. Und wenn ich ihm egal war, dann war er nicht der, für den ich ihn gehalten hatte. Und wer war er dann?"[13]

E. Wiesel überlieferte aus dem KZ eine ähnliche Geschichte, die von den tiefen Zweifeln an Gott im Angesicht menschlichen Leidens erzählt. Ein Junge wurde im KZ von den Aufsehern zum Tode am Galgen bestimmt und erhängt. Minutenlang kämpfte das Kind seinen Todeskampf am Galgen, während die Mithäftlinge hilflos zusehen mussten. Da sagte einer der Gefangenen verzweifelt: „Wo ist Gott?" Und E. Wiesel spürte, wie sich in seinem Inneren die Antwort formte: „Da hängt er."[14]

Was kann uns diese Geschichte sagen? Ist auch Gott von den Nazis ermordet worden? Müssen wir angesichts solcher Grausamkeiten gegenüber Kindern lernen, uns von der Illusion eines allmächtigen Gottes zu verabschieden, und akzeptieren, dass Gott tot oder ohnmächtig ist wie wir? Ist dies das nüchterne Bild von Gott, das uns nach den Schrecken unseres Jahrhunderts geblieben ist, wenn wir es überhaupt noch wagen, von Gott zu sprechen? Ist dies die unausweichliche Konsequenz, zu der eine gewaltverseuchte eigene Lebensgeschichte zwingt?

Die Geschichte aus dem KZ kann aber auch einen anderen Sinn haben, wenn sie nicht etwas über Gott, sondern über den Jungen sagen will. Dann ist die Aussage „da hängt er" ein Satz des Protes-

---

[13] Bass/Davis, S. 144.
[14] Vgl. Wiesel, S. 117f.

tes, der sagt, nicht diejenigen, die sich wie Götter aufführen und es genießen, ihre Macht willkürlich auszuspielen, nicht sie sind Gott. Dieser Junge, misshandelt, verachtet, seiner Würde beraubt, gequält und im Tod zerrieben, er ist das unendlich Kostbare und unendliche Liebenswerte. Alle Grausamkeiten konnten ihm nicht das eine nehmen, dass er ein Ebenbild Gottes geblieben ist.

In den bittersten und qualvollsten Stunden unseres Lebens, wenn wir der menschlichen Grausamkeit und dem dadurch entstehenden Leiden ins Gesicht sehen müssen, ist es wie in der tiefsten Nacht. Alles, was unser Leben jemals hell und warm gemacht hat, erscheint unerreichbar fern. Wie die Sonne vor unseren Augen verschwunden ist, ist Gott nicht mehr spürbar, nicht mehr erfahrbar. Das Freudige, das Tröstliche, das Hoffnungsvolle der Gegenwart Gottes hat sich unserem Blick entzogen, stattdessen herrscht Leere und Kälte. Nur ein letztes, verschlüsseltes Zeichen für das unauslöschliche Geheimnis der allumfassenden Liebe bleibt. Wie in der Nacht der Mond das Licht der Sonne reflektiert, ist es in der Nacht der menschlichen Grausamkeit das Gesicht des leidenden Menschen, in dem sich der letzte erkennbare Rest einer anderen größeren Wirklichkeit widerspiegelt.

Die Leiden eines Kindes anzusehen, sei es als Augenzeuge oder sei es in der Wiederbelebung eines frühkindlichen Traumas in der Therapie, erscheint mir unerträglich ohne diese feste Gewissheit von der unzerstörbaren Würde des Menschen, die in Gott begründet ist. Das Nein, das sich in unserem Inneren einem solchen Leiden entgegenstellt, ist zugleich ein Ja zu einer anderen menschlicheren und zugleich göttlichen Ordnung der Liebe. Sich daran festzuhalten, kann durch die düstersten Wegstrecken des Lebens führen. Sie ist ein Anker, wenn die Verzweiflung über die Sinnlosigkeit des Schmerzes uns in den Abgrund zu reißen droht. Mit diesem Glauben geben wir zu verstehen, dass die Grausamkeit nicht das letzte Wort hat, dass sie nicht jeden Funken Menschlichkeit tötet, dass es mehr gibt, als das, was Menschen zerstören und zertreten können. Vielleicht können wir das „Gott" nennen.

Dass Gott vor allem im leidenden und wehrlosen Kind sichtbar wird, ist schon sehr früh in dem Psalmwort festgehalten worden, „aus dem Mund der Kinder und Säuglinge schaffst du dir Lob, deinen Gegnern zum Trotz" (Ps 8,3). Der Psalm führt diesen Gedanken weiter zum Staunen über die Größe eines jeden Menschen, die darin begründet ist, dass der Mensch sich in seinem Wesen Gott verdankt und ihm ähnlich ist, denn es heißt: „Was ist der Mensch, dass du an ihn denkst, des Menschen Kind, dass du dich seiner annimmst? Du hast ihn nur wenig geringer gemacht als Gott, hast ihn mit Herrlichkeit und Ehre gekrönt." (V5,6)

Solange wir uns diesen Glauben an den göttlichen Ursprung der Würde des Menschen nicht nehmen lassen, sind wir nicht besiegt, zertreten und verloren, auch wenn wir elendig leiden.

Die Dichterin Marie Luise Kaschnitz hat mit einem Gedicht ausgedrückt, dass schon die kleinste Flamme eines solchen Lichtes von innerem Widerstand gegen die Gewalt Hoffnung auf eine bessere Wirklichkeit darstellt:

Steht noch dahin

Was ist, was sein wird, womöglich sein wird,
und daß wir solche Dinge noch wahrnehmen und beklagen,
während es doch denkbar wäre, eine Zeit denkbar wäre,
in der wir umher kriechen empfindungslos,
in der uns nichts mehr angeht, unter die Haut geht,
neben uns schreit ein Sterbender und wir wenden den Kopf nicht,
neben uns wird ein Kind gegen eine Mauer geschleudert,
und wir erschrecken nicht.
Demgegenüber scheint auf jeder noch so bescheidenen
                                                    Anteilnahme,
jedem noch so billigen Erbarmen
der Schimmer eines goldenen Zeitalters zu liegen.
Wir können noch sehen, wir können noch hören,
wir können noch leiden, noch lieben.

Diese Gedanken zeigen, dass solange sich in uns noch ein Widerstand gegen das Unrecht regt, noch nicht der tiefste Abgrund menschlichen Daseins erreicht ist. Die Möglichkeit der völligen Empfindungslosigkeit gegenüber dem Leiden kann in extremen Formen psychischer Erkrankung zur Realität werden. Wer auch nur zeitweise in Phasen tiefer Depression dieses Abgestumpftsein erlebt hat, kennt das Grauen, das an diesem Nullpunkt menschlicher Existenz anzutreffen ist. Der Schmerz, den wir in der Konfrontation mit dem Leiden erleben, zeigt uns die Rückkehr unserer Gefühls- und damit auch Liebesfähigkeit. Er ist der Vorbote einer anderen und besseren Wirklichkeit, auch wenn wir sie jetzt nur erst als brennende Wunde und Sehnsucht nach einem besseren, ganz anderen Leben erfahren.

3. Ein Opfer sein

Wenn ein Kind Missachtung und Gewalt erlebt hat, sprechen wir zu Recht davon, dass es zum Opfer geworden ist. Manche von uns sträuben sich jedoch sehr dagegen, sich selbst als Opfer zu verstehen, weil mit dieser Bezeichnung ein unglückliches Selbstbild verbunden ist. Ein Opfer zu sein bedeutet, der Böswilligkeit eines Stärkeren ausgeliefert zu sein, es heißt, sich nicht gegen zugefügtes Unrecht wehren zu können und nicht in der Lage zu sein, sich selbst zu behaupten. Opfer zu sein enthält deshalb immer das Merkmal der Machtlosigkeit. Zur Heilung gehört es ganz wesentlich, aus dieser Rolle heraus zu kommen.

In der christlichen Tradition wird das Opfersein jedoch nicht grundsätzlich abgelehnt, sondern eher als etwas verstanden, das zur Nachfolge Jesu gehört und deshalb als anerkennenswert gilt. Es ist deshalb genau zu prüfen, ob diese Glaubensaussagen uns den Weg zur Befreiung aus unserem Leid versperren. In der feministischen Theologie wird sehr kritisch hinterfragt, ob die Form, in der die Verkündigung des Kreuzestodes Jesu heute noch häufig stattfindet, befreiende Aussagen für Menschen, die unterdrückt werden, enthält. Frauen „wollen das Kreuz und die damit verbundenen Erlösungsvorstellungen von Opfer, Gehorsam, Hingabe, Leiden und die damit verbundenen Erlösungsvorstellungen von Opfer, Gehorsam, Hingabe, Leiden nicht mehr zusammen denken, weil dies keine Erfahrungen sind, die Frauen, denen es um Befreiung aus Selbstbestimmung und Abhängigkeit geht, mit Erlösung verbinden können. Zu lange haben sie diese Erfahrungen selbst gemacht, aber nichts von ihrer behaupteten erlösenden und befreienden Wirkung gespürt."[15]

Es ist richtig, dass das Opfersein nicht als Ziel der persönlichen Entwicklungsgeschichte gesehen werden darf. Es war auch nicht der Endpunkt des Lebens Jesu, das nicht im Opfer, sondern in der Auferstehung seine Vollendung fand. Aber wer es als grundsätzlich negativ betrachtet, sich als Opfer zu verstehen, übersieht, dass es Selbstbilder gibt, die noch niedriger sind, als die des Opfers. Noch niedriger denken wir von uns selbst, wenn wir das als Selbstbilder akzeptieren, was die Täter uns durch die Gewalt einbläuen wollen und was ihnen leider allzu oft gelingt. Wenn wir die über die Gewalt vermittelte Botschaft verinnerlichen, dass wir verdorben, dass wir Versager und vielleicht sogar kleine Huren sind, dann denken wir noch schlechter von uns selbst als dann, wenn wir uns als Opfer verstehen.

Wenn wir von jemandem sagen, dass er ein Opfer ist, dann erkennen wir an, dass er zu Unrecht leidet. Dieses ist das Befreiende an der Erkenntnis, ein Opfer zu sein. Damit geben wir die Verantwortung für das erlittene Unrecht an die Täter zurück.

Die Theologin Christa Mulack hat den Aspekt der Schuldlosigkeit des Opfers anhand des Märchens vom Mädchen ohne Hände besonders heraus gearbeitet. Das Märchen beginnt damit, dass der Vater einen Pakt mit dem Teufel schließt, um reich zu werden. Bedingung für diesen Pakt ist es jedoch, dass seine Tochter ihre Hände opfern muss. Das Mädchen zieht, nachdem sie ihre Hände verloren hat, hinaus in die Welt. Sie findet einen König als Mann, der ihr silberne Hände schenkt, und dem sie einen Sohn gebiert. Aber auch ihr Mann gefährdet durch sein kriegerisches Handeln ihr Leben, und sie muss mit ihrem Kind wieder in die Welt hinaus fliehen. Ihre verlorene Ganzheit findet sie fernab der Menschen im Wald durch heilende göttliche Liebe, die ihr neue Hände wachsen lässt. Dort wird sie schließlich mit ihrem Mann wieder vereint, der sich auf einem langen Weg der Verwandlung auf die Suche nach ihr gemacht und sie schließlich gefunden hatte.

---

[15] Strobel, S. 60.

C. Mulack stellt in ihrer Interpretation des Märchens vor allem die Selbstverständlichkeit heraus, mit der der Vater die Interessen seiner Tochter opfert. Diesem Egoismus steht die Unschuld und die Reinheit des Mädchens entgegen, die sie während ihres ganzen Weges in Kontakt mit göttlichen Mächten bleiben lässt, die ihr schließlich Heilung bringen.[16] Das Märchen ist Ausdruck einer alten menschlichen Erfahrung, nach der Väter oft sorglos ihre Töchter ihren eigenen Interessen opfern, aber es enthält auch ein tiefes Wissen um die Fähigkeit von Töchtern, sich ihre Unschuld zu bewahren und einen Weg zum Heilwerden zu finden.

Als ich begann, mich als Opfer zu verstehen, fiel damit eine große Last von meinen Schultern, denn ich hatte mich lange Zeit als Versagerin gefühlt. Mich als Opfer zu sehen bedeutete für mich, zu erkennen, dass ich nicht allein für meine Situation verantwortlich war, sondern andere Menschen und gesellschaftliche Gegebenheiten dazu beigetragen hatten. Es bedeutete, meine Leistungsansprüche an mich selbst als ein durch die frühen Erfahrungen meines Lebens bedingtes Muster zu erkennen, das wie ein schwerer Druck auf mir lastete.

Sich als Opfer zu verstehen, bringt zwar insofern Entlastung, als es von falschen Schuldgefühlen befreit, aber es bedeutet zugleich das Eingeständnis, dass wir von anderen Menschen abhängig sind, dass wir nicht allein über unser Geschick bestimmen, dass wir nicht allein unseres Glückes Schmied sind. Dies mag ein sehr tiefer Grund dafür sein, warum wir uns gegen das Bild des Opfers sträuben. Es zerstört die Illusion der Allmacht, an der wir uns unbewusst festhalten, um unseren Ängsten nicht ausgeliefert zu sein.

Die befreiende Wirkung des Opferbegriffs von falschen Schuld- aber auch Allmachtsvorstellungen wird von vielen Feministinnen nicht erkannt, die darin nur die Festschreibung einer überholten weiblichen Rolle sehen und ihn deshalb abschaffen wollen. Opfersein muss nicht notwendigerweise damit verknüpft sein, in Passivität zu verharren oder eigene Stärken nicht wahrzunehmen. Sich als Opfer verstehen, bedeutet deshalb nicht, seine ganze Identität aus der Tatsache der Unterdrückung zu beziehen. Es heißt nur, sich be-

---

[16] Vgl. Mulack, S. 177ff.

wusst zu werden, dass einem Unrecht geschehen ist, und stellt damit einen wichtigen Schritt zur Traumaheilung dar.

Welche innere Kraft und welches Selbstbewusstsein mit der Rolle des Opfers verbunden sein kann, verdeutlicht der folgende Bericht eines Folteropfers der griechischen Militärdiktatur:

> *„Ich habe das Schicksal des Opfers erfahren. Ich habe das Gesicht des Folterers aus der Nähe gesehen. Es war in einem schlimmeren Zustand als mein eigenes blutiges, aschfahles Gesicht. Das Gesicht des Folteres war von einer Art Zucken entstellt, das nichts Menschliches mehr an sich hatte... Es ist nicht so einfach, einen Menschen zu foltern. Es erfordert innere Beteiligung. In dieser Situation war ich der Glücklichere. Ich wurde erniedrigt. Ich erniedrigte nicht andere. Ich trug nur eine zutiefst unglückliche Menschlichkeit in meinen schmerzenden Eingeweiden, während die Männer, die andere erniedrigen, zuerst den Begriff der Menschlichkeit in sich selbst erniedrigen müssen... Sie haben teuer bezahlen mussen für meine Qualen. Nicht ich war in der schlimmsten Lage. Ich war nur ein Mensch, der stöhnte, weil er Schmerzen hatte. Ich ziehe das vor. In diesem Augenblick bin ich des Vergnügens beraubt, sehen zu können, wie Kinder zur Schule gehen oder im Park spielen. Sie hingegen müssen ihren eigenen Kindern ins Gesicht sehen."* [17]

Es ist sehr eindrucksvoll, dass dieser Mann, der in extremer Form Opfer menschlicher Gewalt wurde, das Bewusstsein seiner Würde trotz der an ihm verübten Grausamkeiten bewahren konnte. Trotz der über ihn hereinbrechenden Schläge blieb sein innerstes Wesen heil. Ihm blieb damit die tiefste Erniedrigung erspart, die Menschen anderen Menschen zufügen können, das Gefühl für den eigenen Wert zu verlieren und sich selbst zu verachten. Er hat die Kraft, sich von seinen Folterern abzugrenzen, indem er ihnen die Menschlichkeit abspricht. Mit der Behauptung seiner Würde und seines Glücks und der Verurteilung seiner Folterer knüpft er an die Erkenntnis des griechischen Philosophen Sokrates an, das Unrecht

---

[17]   Mangakis, S. 26.

zu leiden besser ist als Unrecht zu tun. Es gibt also noch eine Rolle, die niedriger ist als die des Opfers. Die Täter sind es, die ihre Menschlichkeit verleugnen und dadurch verlieren.

Diese Auffassung ist Grundlage der gesamten abendländischen Ethik. Sie findet sich auch in der Bibel, wo es heißt: „Was nützt es einem Menschen, wenn er die ganze Welt gewinnt, aber doch Schaden nimmt an seiner Seele?" (Mt 16,16) Was nutzt es einem Menschen, will diese Stelle sagen, andere zu beherrschen und rücksichtslos die eigenen Interessen durchzusetzen? Wird er dadurch menschlicher, gewinnt er dadurch an Würde? Es ist die gemeinsame Überzeugung des Christentums und der humanistischen Philosophie, dass der Mensch nur wirklich menschlich ist, und seiner Würde entsprechend handelt, wenn er sich für das Gute entscheidet. Seine innere Zielsetzung entscheidet über seinen Wert. Das Gute ist die Liebe zu Gott, zum Nächsten und zu sich selbst. Wo diese praktiziert wird, ist wahre Menschlichkeit und Würde vorhanden, wo Menschen diese Bestimmung ablehnen, dort werden sie zu Unmenschen. Sie und nicht ihre Opfer verlieren ihre Würde. Sie fügen ihrer Gottebenbildlichkeit tiefen Schaden zu.

Kinder haben es schwerer als Erwachsene, als Opfer dieses Bewusstsein ihrer Würde zu bewahren, und sich trotz aller erfahrenen Gewalt als im tiefsten Kern unversehrt zu erleben. Gerade wenn die Gewalt auch sexueller Art war, fühlen sich viele noch als Erwachsene durch das, was ihnen geschehen ist, zutiefst beschädigt, beschmutzt und unrein. Doch auch hier gilt, was Jesus über Reinheit und Unreinheit gesagt hat: „Seht ihr nicht, dass das, was von außen in den Menschen hineinkommt, ihn nicht unrein machen kann? Denn es gelangt ja nicht in sein Herz,.. Was aus dem Menschen herauskommt, das macht ihn unrein. Denn von innen, aus dem Herzen der Menschen kommen die bösen Gedanken." (Mk 18–21). Wenn wir dieses nachempfinden können, wenn wir spüren, dass das, was auch immer mit unserem Körper geschehen ist, und das, was auch immer in unseren Körper hineingelangt ist, uns nicht unrein macht, wenn wir erkennen, dass es nicht in unser Herz vorgedrungen ist, oder wenigstens unser Herz nicht ganz zerfressen hat, dann haben wir das Wichtigste entdeckt, was wir zur Heilung brauchen. Dann wissen wir, dass unsere Würde auch als Opfer unantastbar ist.

4. Der mitleidende Gott

Wenn wir in dieser Sicht das Opfer als einen Menschen verstehen, der zu Unrecht leidet, liegt darin auch das Verbindende zu Jesus, der schuldlos zum Tode verurteilt wurde, und damit ein Opfer der Justiz der zu seiner Zeit herrschenden Klassen war. Jesus hat das Leiden nicht um seiner selbst willen gesucht. Er bat, dass der Kelch an ihm vorüber gehen sollte, und er wird auch uns nicht auffordern, das Leiden zu suchen. Er will nicht unser Leid, sondern ein Leben in Fülle. Der Kreuzestod Jesu war die Konsequenz seiner Botschaft vom Reich Gottes, der er treu blieb, auch als er mit den Machthabern seiner Zeit in Konflikt geriet. Er nahm seinen Tod hin, weil er nur so seiner Botschaft treu bleiben konnte. Leiden hat nur dann einen Sinn, wenn es für eine wichtigere Sache unbedingt notwendig ist.

Dagegen hat die durch manche alten Kirchenlieder und Gebete noch in unsere Tage überlieferte Vorstellung, das Opfer Jesu sei notwendig gewesen, um die Sünden der Menschen zu sühnen, in der Tat nichts Befreiendes an sich. Diese im frühen Mittelalter entstandene Satisfaktionslehre beruht auf einem Gottesbild, das unbarmherzig und grausam ist. Gott wird zu einem Tyrannen, dessen Zorn über die Übertretung seiner Gebote nur durch Opfer besänftigt werden kann. Sie enthält zudem ein Menschenbild, das einseitig die Schlechtigkeit und Sündhaftigkeit des Menschen hervor hebt.

Wenn der Kreuzestod Jesu jedoch so verstanden wird, dass Gott in Jesus selbst zum Leidenden wird, öffnet sich das Tor für eine befreiende Sicht seines Todes. Eine Frau, die in ihrer Ehe immer wieder brutalster Gewalt ausgesetzt war, schrieb: „Ich war gekreuzigt worden, und endlich wusste ich, wo Gott war: Gott hing neben mir, gekreuzigt wie ich! Ich war nicht allein… Das war nicht der Gott, auf den ich gehofft hatte. Ich hatte einen Gott erwartet, der mich wie der Prinz im Märchen retten würde. Aber dieser Retter-Gott hatte geschwiegen; dieser Erlöser-Gott war tot. Der Gott, den ich gefunden hatte, wurde mein neuer Gott: der Gott, der Todesqualen erlitt und in meinem Schmerz bei mir war."[18]

---

[18] Lee, S. 15.

Die Botschaft, die hier von einem Opfer festgehalten wird, ist, dass es kein Leiden gibt, in dem nicht auch Gott ist. In unserer äußersten Not sind wir nicht allein. Quälendster Schmerz, tiefste Todesangst und abgrundtiefe Einsamkeit sind Erfahrungen, die Gott mit uns teilt. Der menschgewordene Gott ist auf unserer Seite.

Es ist nicht erstaunlich, dass diese Frau, die im Leiden die Erfahrung der Nähe Gottes gemacht hat, daraus die Kraft schöpfte, sich aus ihrer von Gewalt zerstörten Ehe zu befreien. Sie war nicht mehr länger bereit, ein Kreuz zu tragen, von dem sie nun wusste, dass es ihr nicht von Gott auferlegt worden war, sondern von einem rücksichtslosen Ehemann. Sie musste nicht mehr länger auf ein wundersames Eingreifen von außen warten, weil sie sich ihres eigenen Wertes bewusst geworden war. Daraus konnte sie den Mut zum Widerstand entwickeln und die Veränderung ihres Lebens in die Hand nehmen. „Dieser Gott", sagt sie, „wollte nicht, dass ich leide, dieser Gott wollte, dass ich glücklich bin. Aber ich musste mich selber retten. Gott würde mir das nicht abnehmen."[19]

Dieser mitleidende Gott nimmt uns die Aufgabe nicht ab, die Spuren der Gewalt aus unserem Leben zu vertreiben. Mit diesem Gott auf unserer Seite ist es nicht weniger mühevoll, die einzelnen Schritte zur Heilung zu gehen. Mit diesem Gott auf unserer Seite gelingt es nicht schneller, unsere körperlichen Reaktionen, unsere Gefühle und unser Denken von den Lasten der Vergangenheit zu befreien. Mit diesem Gott auf unserer Seite aber wissen wir, dass wir es wert sind zu heilen.

[19] Lee, S. 15.

C. Spirituelle Wegbegleitung

1. Gebete

In der Therapie

Mein zärtlicher Gott, ich bitte dich, sei bei uns hier in diesem
Raum.
Höre die Geschichten, die ich zu erzählen habe. Höre die Stille,
die Worte, die ich bis jetzt nicht einmal flüstern kann.
Höre die sanften Fragen, die den Schmerz erforschen.

Sei bei mir, wenn ich vor Angst erstarre.
Sei bei mir, wenn ich aufschreie aus erinnerter vergessener Qual.
Sei bei mir, wenn ich wüte, wenn ich um mich schlage,
wenn meine Faust sich zusammenballt,
ausholt in das Nichts, das jetzt vor mir steht.

Sei bei mir, wenn es scheint, dass Heilung niemals kommen wird.
Sei bei mir, wenn ich mich frage, wo du warst.
Sei bei mir, wenn ich mich frage, wo du bist.
Sei bei mir, während ich heile.

Amen.

Nach Catherine Foote

Lass unsern Tränen freien Lauf

Lass unsern Tränen freien Lauf,
lass sie fortschwemmen die Steine
auf unserer Seele

Lass unsern Tränen freien Lauf,
lass sie die Schleusen öffnen
unrer Traurigkeit

Lass unsern Tränen freien Lauf,
lass sie zu ewigen Ufern begleiten
die wir verloren haben.

Sybille Fritsch

Sehnsucht nach Heilung

Verschaffe mir recht Du Gott
mißbraucht bin ich worden

Kaum konnte ich alleine gehen
war mein unbekümmertes Spielen zu Ende
mein Vater zog mich an sich
mißbrauchte meinen bedingungslosen Glauben
an das Gute im Menschen

Zerbrochen mein Urvertrauen
zerschlagen meine Spontanität
Angst und Mißtrauen bestimmen mein Leben

Nie mehr kann ich Dich Vater oder Mutter nennen
zu schmerzvoll sind die Erinnerungen an mein Leid

Raff mich nicht hinweg
an seinen Händen klebt die Schandtat
in meinem schmerz laß mich andere Frauen finden
mit denen ich meine Leidensgeschichte teilen kann

Lass uns Dich als neue Lebenskraft erfahren
die sich wehrt gegen sexistische Strukturen
jedes jahr werden tausende von Mädchen und
Jungen sexuell mißbraucht
werden tief in ihrem Herzen für immer verwundet

Wann nimmt diese unheimliche Gewalt ein Ende
wann werde ich je wieder Heilung erfahren
damit meine Füße wieder auf festem Grund stehen.

Pierre Stutz

*

Wo warst du?

Ich war so klein, als sie mich überwältigten.
Ich wurde herunter gezogen in den tiefsten Kerker.
Ich war hilflos, allein, voller Angst.

Wo warst du, Gott der Hoffnung und des Verstehens?
Du sagst: „Verletzt die Kleinen nicht!"
Ja, Gott, wo warst du?

Ich hatte keine Macht, keine Stärke ihnen gegenüber,
ich war klein, und du überließest mich ihrer Macht.
Ich war ein Kind, und trotzdem wählte ich dich.

Ich wurde so überwältigt von ihrer Größe, von ihrer Macht über
mich,
Und doch, in meiner Schwäche,
ja sogar als ein Kind, wählte ich dich!

Ich wählte dich, bevor ich meine Wahl erkannte.
Ich wählte dich, bevor ich lernte, was wählen hieß.
Ich glaubte immer, ich hoffte immer.

Du sagst, du bist der Gott des Universums,
bist du auch der Gott der Menschen darin?
Bist du nicht der, der uns aus der Verlorenheit befreit?

Ich war verloren, verängstigt, hilflos, allein,
Wo warst du Gott? Ich brauchte dich,
ich habe dich nicht gefunden.

In meiner Einsamkeit verzweifelte ich.
Warum verstecktest du dein Angesicht vor mir?
Was habe ich dir Böses getan?

Meine Ankläger sprachen mich schuldig. Klagst auch du mich an?
Sie umhüllten und umwickelten mich mit Scham.
Was habe ich dir Böses getan?

Ich blieb am Leben, und meine Hoffnung verließ mich nicht.
Ich kämpfte, ich überlebte, meine Hoffnung blieb.
Ich hatte keine Hoffnung, doch Hoffnung. Nur meine Hoffnung
hielt mich.
Amen.

Nach Psalm 4

In der Stille meines Herzens rief ich nach dir

Oh Gott der Schöpfung und der vollkommenen Ordnung.
Ich wende mich an dich, um meine Bitte vorzutragen.
Heile mich an Verstand, Gefühl, Körper, Geist.

Ich wurde mit dem Messer bedroht, erschreckt und verängstigt.
Ich wurde gefesselt und geknebelt. Wo warst du?
In der Stille meines Herzen rief ich nach dir.

Ich war nackt, erfroren, nass. Ich war ungeschützt, beschämt.
Ich hatte niemanden, an den ich mich wenden konnte. Wo warst
du?
Ich sehnte mich danach, zugedeckt und gehalten zu werden.

Mein Körper war so leblos und so ungeschützt,
Bist nicht du der Schöpfer jeder Zelle in mir?
Warum wurde ich verletzt, entwürdigt?

Ich bin dankbar, dass der Schmerz nachgelassen hat,
aber jahrelang durchlebte ich es wieder und wieder,
hielt mich selbst daran fest, nicht verrückt zu sein.

Ich war klein, unschuldig, allein und ich war wehrlos.
Mit niemandem an den ich mich wenden konnte,
konnte ich mich nur in mich kehren.
In mir jedoch benutzte ich meine Kraft und wurde nicht bitter.

In mir fand ich den Stoff, aus dem ich gemacht bin,
und fand dort in den Kammern meines Geistes,
meine eigene rettende Gnade.

Ich bin dankbar für diese Gabe, die ich fand und für mich
nutzte.
In mir war die Gabe, den Schmerz, den ich erfuhr,
dem Vergessen zu überlassen.

Meine Gabe wirkte und rettete mich. Ich hatte ein Geheimnis,
das mir niemand entreißen konnte. Ich versteckte mich in mir
wo mich niemand finden konnte.

In den Kammern meines Geistes habe ich meine Seele gerettet,
aber nicht meine Gefühle, nicht mein Fleisch. Alles an mir
schmerzte.
Warum hast du deinen Trost vor mir verborgen?

Überlebend warte ich auf deinen Trost, o Gott.
In meiner Verzweiflung und Qual warte ich darauf, von dir zu
hören.
Komme zu mir und halte mich und ich werde weinen,
Tränen der Freude.

Amen.

Nach Psalm 5

2. Meditation

In der Zeit, in der in der Therapie sehr stark an den Verletzungen der Kindheit gearbeitet wird, oder wenn andere Auslöser Erinnerungen hochkommen lassen, können sehr starke mit Erinnerungsblitzen verbundene Angstgefühle auftreten. Für diese Zeiten ist die folgende Meditation entwickelt. Damit diese Meditation nicht der Kontrolle entgleitet, ist es wichtig, sich jemanden zu suchen, der während der Meditation Rückhalt bietet.

Setzen Sie sich bequem hin, entspannen Sie sich, so gut Sie können, und werden Sie ruhig. Stellen Sie sich Gottes Liebe als ein warmes Licht vor, oder als sanftes Wasser, das Ihren Körper liebkost. Eingetaucht in Gottes Gegenwart, wählen Sie, anstatt zu versuchen, die Erinnerungen abzublocken, eine Erinnerung, um sich darauf zu konzentrieren. Während Sie Gottes liebende und schützende Liebe und Gegenwart spüren, versuchen Sie, so viel Einzelheiten wie möglich von dem Ereignis zu erinnern. Spüren Sie die Gefühle, die Sie damals hatten. Lassen Sie die Anspannung und Angst, die jetzt Ihren Körper durchdringen, jeden Muskel und jedes Gelenk erfüllen. Lassen Sie Ihre Körpererinnerungen der Gewalterfahrung hochkommen und Ihren Körper durchfluten. Geben Sie darauf acht, nicht die Kontrolle zu verlieren.
Nun laden Sie Gott ein, die Angst und Anspannung, die versuchen, Ihren Körper zu beherrschen, zu überwinden. Beginnen Sie mit Ihren Gliedern, Ihrem Kopf, den Händen und Füßen. Lassen

Sie das Licht von Gott oder Gottes sanftes Wasser in jeden dieser Körperteile hinein strömen. Lassen Sie das Licht/ das wärmende Wasser Ihre Glieder beruhigen, und die Angst und Anspannung auswaschen oder verdunsten. Lassen Sie das Licht/wärmende Wasser die Anspannung und die Angst fortziehen. Spüren Sie sie durch ihre Zehen, Fingerspitzen und den Kopf sickern. Sehen Sie die Erinnerungen und mit Ihnen die Furcht und Spannung als Dampf in der Hitze des Lichtes verdunsten und mit einem fließendem Strom weg gewaschen werden.

Wenn Ihre Finger, Zehen, Hände entspannt und ruhig sind, dann lassen Sie das Licht zum nächsten Teil Ihres Körpers wandern, zu Ihren Armen, Beinen, Nacken und Schultern. Lassen Sie das Licht/das Wasser auf jeden Teil Ihres Körpers wirken bis die Anspannung und Angst, die die Körpererinnerungen begleiten, sich zerstreuen und verdunsten in der Wärme und Zärtlichkeit der Liebe Gottes. Wiederholen Sie diesen Vorgang mit jedem Teil Ihres Körpers, mit besonderer Rücksicht auf die Teile Ihres Körpers, die am meisten verletzt worden sind.

Wenn Sie Gottes Liebe Ihren ganzen Körper beruhigen lassen, nehmen Sie sich so viel Zeit, wie Sie möchten, in Gottes liebevoller Umarmung auszuruhen.

James Leehan

IV. Zwischen Schuld und Vergebung

A. Die Auseinandersetzung mit den Tätern

1. Die Wut spüren können

Schmerz ist nicht das einzige Gefühl, das durch die Erinnerung an vergangenes Leiden hervorgerufen wird. Mit der Erinnerung an alte Verletzungen bricht oft auch ein unbändiges Gefühl von Wut und Zorn auf, das sich wie ein Vulkan nach außen entladen oder wie ein nagendes Tier im eigenen Innern festsetzen kann. Wut und Zorn sind häufig ein Zeichen von Gesundung, weil sie das Ende der Verdrängung bedeuten und angemessene Reaktionen auf Unrecht und Verletzung darstellen. Wenn dagegen überhaupt keine Wut zu spüren ist, kann dies ein Zeichen dafür sein, dass die Schwere der Verletzung noch nicht erfasst worden ist, oder dass immer noch tiefe Zweifel daran bestehen, so wertvoll zu sein, dass das eigene unverdiente Leiden Empörung verdient.

Wut, die nach einer Zeit der Erstarrung und Depressivität das erste Mal aufbricht, kann als sehr erleichternd empfunden werden. Die ohnmächtige Traurigkeit weicht dem Erleben einer großen und vitalen Kraft, die nach Ausdruck drängt. Wut bewirkt die notwendige Aggressivität, um sich gegen das falsche Selbst zur Wehr zu setzen, das sich durch die erfahrene Gewalt in uns entwickelt hat, und die in der Kindheit erlebte Unterdrückung im Erwachsenen fortführt.[1]

Aber so befreiend es auch einmal sein kann, sich selbst das Herauslassen der Wut zu erlauben, so belastend ist die Erfahrung, immer wieder von Wutausbrüchen überwältigt zu werden. Diese heftigen Gefühlsstürme erfordern nicht nur ungemein viel Kraft,

---

[1] Vgl. Holderegger, S. 65f.

und reißen uns wieder in die Vergangenheit, wenn wir endlich einmal in der Gegenwart leben möchten. Sie geben uns auch einen erschreckenden Einblick in unsere eigene Fähigkeit, zu zerstören und zu verletzen. Es besteht auch die Gefahr, durch unkontrollierte Wutausbrüche anderen Menschen zu schaden und die Spirale der Gewalt fortzusetzen.

Wo bleiben wir mit diesen verwirrenden, befreienden und quälenden Gefühlen? Wenn wir versuchen, sie in uns einzuschließen, brechen sie sich unversehens Bahn, wo sie nicht hingehören. Sie zersetzen dann unsere heutigen Beziehungen, weil wir bei jeder kleinen Auseinandersetzung in unserer Familie oder im Beruf gereizter und heftiger reagieren, als es dem Anlass entspricht. Wenn diese Wut nicht als Folge der Traumatisierung verstanden wird, kann sie großen Schaden verursachen. Freunde und Partner brauchen viel Verständnis und Geduld, wenn sie uns in dieser Zeit der aufbrausenden Gefühle nah sein wollen. Nicht wenige ziehen sich dann zurück.

Wir spüren selbst, dass der Hass, der unsere Wut begleitet, uns nicht heilt und nicht befreit. Unsere Sehnsucht richtet sich darauf, das Chaos der Gefühle zu beenden und in uns selbst Frieden zu finden. Manche hoffen, durch Vergebung die Vergangenheit hinter sich zu lassen, und doch ist Vergebung kein Weg, der uns die Auseinandersetzung mit unserer Wut und unserem Zorn erspart. Die Therapeutin Alice Miller sagt: „Die echte Vergebung führt nicht am Zorn vorbei, sondern durch ihn hindurch. Erst wenn ich mich über das Unrecht, das mir angetan wurde, empören kann, die Verfolgung als solche erkenne, den Verfolger als solchen erlebe und hassen kann, dann steht mir der Weg offen, ihm zu verzeihen."[2]

Warum ist es nicht sinnvoll, die Wut zu unterdrücken und fest in uns einzuschließen? Die Wut, die wir nicht mehr spüren wollen, verliert sich mit ihrer Verdrängung nicht ins Nichts. Der Psychotherapeut Erwin Ringel, der als einer der Ersten untersucht hat, was in Menschen vorgeht, die Selbstmord verüben, zeigt, dass nicht zugelassene Wut sich gegen den Kranken selbst richtet, und schließlich seine Vernichtung zur Folge haben kann. Er vergleicht diese Wut

---

[2] Miller, S. 286.

mit einem gefangenen Raubtier, das im Käfig auf engsten Raum eingesperrt ist und seine Kraft nicht entfalten kann.[3] Lähmung und Betäubung sind die Folgen dieser Einschränkung, die letztlich jeden Lebenswillen zum Erlöschen bringt.

Die in der Wut enthaltene Aggressivität ist dagegen eine Kraft, die sich Freiräume erkämpft, und Einfluss auf den Verlauf der Realität nehmen will. Sie ist auf Veränderung des Lebens ausgerichtet, und bricht den Bann der Depression. Wenn wir die Wut unter unsere Kontrolle bringen, ist sie nicht gefährlich, wie ein ungezähmtes Raubtier, sondern sie kann uns nach vorne tragen wie ein dressiertes Pferd.

Die nahe liegendste Lösung für das Äußern von Wut ist die direkte Auseinandersetzung mit denen, die unsere Verletzungen verursacht haben. Aber gerade hier sind viele Barrieren wirksam, die diesen Weg schwierig machen.

2. Das Schweigen brechen

Die meisten Therapiekonzepte gehen davon aus, dass es eine wichtige Voraussetzung zur Heilung ist, das Schweigen über das erlittene Unrecht zu brechen. Das durch die Täter verordnete Schweigen ist ein Mittel, mit dem sie die Herrschaft über ihre Opfer ausüben können. Schuld- und Schamgefühle, die Angst, nicht so zu sein, wie alle anderen, bewirken, dass es den Opfern schwer fällt, über ihre Verletzungen zu sprechen.

Besonders gehemmt sind wir, das erlittene Unrecht in seinem ganzen Umfang wahrzunehmen und auszusprechen, wenn wir die Menschen, die uns Leid zugefügt haben, dennoch lieben. Es gibt einen starken inneren Drang, die Menschen, die wir lieben, vor Bloßstellung und Verurteilung zu schützen.[4] Wir sind so stark an sie gebunden, dass wir es uns vielleicht nicht einmal selber zugestehen, schlecht über sie zu denken. Viele haben es von Kindheit an gelernt, ihre Sorgen nicht wichtig zu nehmen, um den Eltern Vorwür-

---

[3]   Vgl. Ringel 1978, S. 46.
[4]   Vgl. Miller, S. 80.

fe zu ersparen und keinen Kummer zu bereiten. Die Schriftstellerin Christa Wolf drückt dies mit den Worten aus, „Wörter wie ‚traurig‘ oder ‚einsam‘ lernt das Kind einer glücklichen Familie nicht, das dafür früh die schwere Aufgabe übernimmt, seine Eltern zu schonen. Sie zu verschonen mit Unglück und Scham.“[5]

Das Verleugnen der Realität, das Verdrängen der Konflikte und Probleme ist die Grundlage, auf der das Leben in gestörten Familienstrukturen jahrelang funktioniert. So darf z.B. in Alkoholikerfamilien nicht über die Angst, die Unsicherheit und den Ekel, den das Suchtverhalten eines Elternteils auslöst, gesprochen werden.[6] Ein ausgesprochenes Problem würde Veränderungen in den Verhaltensweisen aller Beteiligten einfordern, und das durch Anpassung an die Bedürfnisse des Süchtigen erreichte Gleichgewicht in den Beziehungen zueinander zerstören. Durch Schweigen dagegen gelingt es, den für alle wichtigen äußeren Schein der Normalität aufrecht zu erhalten.

So sind von Kindheit an wirksame Sperren zu überwinden, bevor das eigene Leiden an familiären Vorgängen zur Sprache gebracht werden kann. Das Brechen des Schweigens ist wichtig, um die belastenden Gefühle auf ihren Ursprung zurückführen zu können, alte Rollenmuster zu erkennen und sich aus niederdrückenden Bindungen zu lösen. Es muss jedoch nicht vor den Mitgliedern der Familie geschehen, die an unseren Verletzungen beteiligt waren. Zur Heilung ist es zunächst ausreichend, sich irgendjemand anvertrauen zu können, sei es in der Therapie, im Freundeskreis oder in einer Selbsthilfegruppe. Die befreiende Wirkung solcher Gespräche liegt nicht darin, Anklage zu erheben, sondern sich mit seinen Gefühlen des Schmerzes und der Angst, vielleicht auch der Schuld und Scham angenommen zu fühlen. Bei einer Aussprache im Familienkreis ist die Wahrscheinlichkeit, Verständnis zu finden, am geringsten, und dennoch drängt es viele, ihre Verletzungen gerade dort, wo sie verursacht wurden, zur Sprache zu bringen.

Was uns zu diesem Schritt bewegt, kann ein letztes Fünkchen Hoffnung sein, zu den Menschen, mit denen wir große Teile unse-

---

[5] Wolf, S. 36.
[6] Vgl. Lambrou, S. 26.

rer Lebensgeschichte verbracht haben, doch noch eine gelungene Beziehung aufbauen zu können. Doch ist es fraglich, ob sie unsere Sicht der Vergangenheit verstehen oder sogar teilen werden. Die ersehnte Parteilichkeit für uns oder das Eingeständnis von Schuld würde eine Auseinandersetzung mit der eigenen Person voraussetzen, die oftmals ihrer ganzen bisherigen Lebensweise widerspricht. Wenn sie deshalb unserer Wahrnehmung widersprechen und behaupten, alles sei nicht so schlimm gewesen, wie wir es darstellen, erfahren wir jedoch nicht die ersehnte Bestätigung, sondern eine erneute Kränkung, weil wir nicht ernst genommen werden.

Vielleicht suchen wir aber auch ganz bewusst eine konfliktträchtige Auseinandersetzung mit denen, die für unser Leid verantwortlich sind. Wir möchten sie mit dem konfrontieren, was ihr egoistisches oder gegenüber unseren Bedürfnissen gleichgültiges Verhalten angerichtet hat. Denn nichts reizt stärker zu ohnmächtigem Zorn und hilfloser Wut als mit anzusehen, wie die Menschen, die uns verletzt haben, unberührt von unserem Leid ihre Wege gehen. Wenn sie selbstbewusst und selbstherrlich an ihren Verhaltensweisen festhalten, wünschen wir uns, sie aus ihrer Selbstgefälligkeit herausreißen zu können und zu zwingen, dem, was sie an Leid verursacht haben, ins Auge zu sehen. Doch so sehr wir uns auch wünschen mögen, uns selbst zu beweisen, dass wir die Täter nicht mehr fürchten, so notwendig ist es, die Chancen und Risiken einer Konfrontation mit den Verursachern unseres Leids gut abzuwägen.

Wer die eigenen Verletzungen offen zur Sprache bringt und Anklage erhebt, muss auf alle Arten von Widerstand gefasst sein. So kann es sein, dass die vergangenen Taten einfach geleugnet werden, und wir als Lügner oder Nestbeschmutzer dastehen. Es ist auch bitter, wenn die Rechtfertigungsmuster der Vergangenheit wieder hervorgeholt werden, und uns selbst die Schuld dafür gegeben wird, wie wir behandelt wurden, z.B. weil wir angeblich besonders freche, widerborstige und schwierige Kinder waren. Oder es wird bestritten, dass die Situation im Elternhaus auf unser Leben großen Einfluss haben konnte, weil z.B. unsere Eltern oder Geschwister schließlich auch keine schöne Kindheit hatten, aber trotzdem etwas aus ihrem Leben gemacht haben. Es setzt eine sehr starke Persönlichkeit voraus, solche Angriffe zu verkraften. Deshalb ist es eine sehr ernst zu nehmende Frage, ob man solche Belastungen auf sich nehmen will, zumal eine Konfrontation mit den Tätern für die Heilung nicht zwingend notwendig ist.

Auf eine direkte Auseinandersetzung zu verzichten, muss nicht bedeuten, in der Beziehung zu seiner Herkunftsfamilie in einer Welt des schönen Scheins weiter zu leben, denn dies ist sehr belastend. Die Teilnahme an Familienfesten wird zu einer Qual, wenn andere in Erinnerungen schwelgen, die für uns mit ganz anderen, schmerzlichen Assoziationen verbunden sind. Noch schwieriger wird es, wenn von uns sogar Zeichen der Zuneigung erwartet werden, gegen die sich alles in uns sträubt. Um nicht in solche Situationen zu geraten, kann es sinnvoll sein, die Familienmitglieder darüber aufzuklären, welches lang andauernde Leid für uns durch ihr vergangenes Verhalten oder durch Vernachlässigung und mangelnde Zuwendung entstanden ist. Solange unsere Wunden jedoch noch nicht völlig geheilt sind, und wir nicht vor neuen Verletzungen sicher sind, ist auch der stillschweigende Rückzug aus familiären Verbindlichkeiten ein Weg, die Beziehungen zu unserer Familie unseren Einsichten über unsere Vergangenheit anzupassen.

3. Gerechtigkeit einfordern

Für manche, die sehr schwere Körperverletzungen oder sexuellen Missbrauch erfahren haben, kann sich auch die Frage nach einer strafrechtlichen Verfolgung der Täter stellen. Wer den Mut dazu aufbringt, leistet einen wichtigen Beitrag zur Gemeinschaft, weil auf diese Weise vielleicht weitere Straftaten verhindert werden können, und in der Öffentlichkeit ein größeres Problembewusstsein entsteht. Besonders wichtig ist dies bei Vergewaltigung und sexuellem Missbrauch, weil diese Täter sich in den meisten Fällen nicht auf ein Opfer beschränken.[7]

Leider ist es noch immer nicht leicht, eine Verurteilung zu erreichen, weil die im Schutzraum der Privatsphäre begangenen Vergehen schwer nachzuweisen sind. So ist es zunächst eine Frage der

[7] Salter, S. 21f.

Erfolgsaussichten, ob dieser Weg sinnvoll ist. Es bedeutet zudem eine ungeheure Strapaze, sich in der Öffentlichkeit den Erinnerungen an die Vergangenheit zu stellen. Wer sich nicht stark genug fühlt, eine mögliche Niederlage zu verkraften, sollte sich nicht von anderen zu diesem Weg in die Öffentlichkeit drängen lassen.

Wenn sich jemand zu diesem Schritt entschließt, geschieht dies jedoch meist nicht nur mit Blick auf die Gesellschaft, sondern in der Hoffnung, durch die Bestrafung der Täter selbst der Heilung ein Stück näher zu kommen. Ob dieser Weg für den Betroffenen zur Gesundung beiträgt, hängt mit den Motiven zusammen, mit denen er beschritten wird. Was heilt, ist nicht das Bedürfnis nach Rache, das dem Hass entspringt und aus der Demütigung des Täters Befriedigung ziehen möchte. Heilsam ist es, durch die öffentliche Verurteilung die Solidarität der Gesellschaft zu erfahren und den Maßstäben der Gerechtigkeit Geltung zu verschaffen.

Gerechte Bestrafung und Rache haben gemeinsam, dass sie darauf ausgerichtet sind, den Täter einen Schaden erleiden zu lassen. Doch geschieht dies aus einem jeweils anderen Grund. Während es bei der Rache darum geht, die eigene Demütigung auszulöschen, indem wir den anderen erniedrigen, ist die Strafe auf die Wiederherstellung der missachteten Ordnung der Gerechtigkeit ausgerichtet.

Das Bedürfnis nach Rache erkennen wir, wenn es uns vor allem darum geht, die Verletzung des eigenen Ichs auszugleichen, indem wir die Seiten wechseln und selbst zum Täter werden. Dahinter steht die Hoffnung, das beklemmende Gefühl von Ohnmacht aufbrechen zu können, indem wir endlich einmal eine Position der Macht und der Stärke einnehmen. Die befriedigende Erfahrung, einmal ganz Herr der Lage zu sein, suchen wir uns dann auf die Art zu verschaffen, dass wir einem anderen Menschen Leid und Schmerz zufügen. Aber es ist eine Illusion zu glauben, auf diese Weise die Folgen einer traumatischen Erfahrung überwinden zu können, denn der Schrecken, die Scham und der Schmerz lassen sich durch Rache nicht abschütteln.[8]

Die Sehnsucht nach Gerechtigkeit richtet sich auf andere Ziele als die Rache. Sie will nicht aus dem Leiden des Täters eine innere

---

[8] Vgl. Herman, S. 268.

Befriedigung ziehen, sondern berechtigte Ansprüche durchsetzen. Der erste Anspruch richtet sich gegen die Täter. Es entspricht den Grundsätzen der Gerechtigkeit, dass derjenige, der anderen einen Schaden zugefügt hat, dazu verpflichtet ist, den Schaden wieder gut zu machen. Doch wie kann jahrelanges psychisches Leiden, der Verlust von Lebenschancen und Lebensfreude wieder gutgemacht werden?

Als Wiedergutmachung kommt zunächst die Leistung von Schadenersatz in Frage. Schadenersatz ist vor allem bei materiellen Schäden möglich, wenn z.B. ein beschädigtes Auto durch ein neues ersetzt wird. Bei psychischen Verletzungen können materielle Leistungen niemals einen vollständigen Ausgleich bieten, doch ist die finanzielle Ebene des Schadenersatzes hier nicht bedeutungslos. Wenn hohe Therapiekosten anfallen, eine Ausbildung abgebrochen werden musste oder sogar Erwerbsunfähigkeit vorliegt, sind dies Folgen, die zu berücksichtigen sind. Eine andere Form der Wiedergutmachung spielt sich mehr auf der symbolischen Ebene ab. Sie besteht in der Anerkennung des Unrechts durch den Täter und der Bereitschaft, eine Buße auf sich zu nehmen. Einsicht in das ganze Ausmaß des zugefügten Leids ist jedoch sehr selten, sodass diese Ansprüche in den meisten Fällen nicht verwirklicht werden können.

Ein weiterer Anspruch richtet sich gegen die Gesellschaft. Ein gerichtliches Verfahren kann dazu dienen, die Wertvorstellungen der Gesellschaft deutlich zu machen. Eine Verurteilung bedeutet eine Parteinahme der Gesellschaft für das Opfer und eine Distanzierung vom Täter. Mit dem Aussprechen einer Strafe bekennt sich die Gemeinschaft zu den Werten, die durch die Tat verletzt wurden. Wenn in unserer Gesellschaft seit kurzem die Vergewaltigung in der Ehe und jede körperliche Züchtigung von Kindern unter Strafe steht, ist dies Ausdruck eines Wertewandels, der den Rechten von Frauen und Kindern mehr Gewicht verleiht. Wenn die Gemeinschaft sich mit der Verkündigung einer Strafe auf die Seiten der Opfer stellt, kann sie selbst einen Beitrag zur Wiedergutmachung des Leids leisten. Sie hebt damit die Isolation der Opfer auf und schafft mit dem Ausschluss der Täter aus der Gemeinschaft eine wichtige Voraussetzung dafür, dass die Gesellschaft von den Opfern wieder als ein sicherer Ort erfahrbar wird.

Diese Chancen einer öffentlichen Anklage zeigen jedoch auch die möglichen neuen Verletzungen auf, wenn ein gerichtliches Verfahren scheitert. Wenn keine Verurteilung erreicht werden wird, kann dies als Parteinahme für den Täter und Distanzierung der Gesellschaft vom Opfer empfunden werden. Es ist sehr schwer, sich dann daran festzuhalten, dass der Mut, eine Anklage zu erheben, schon das gesellschaftliche Klima verändern und die Wachsamkeit gegenüber der Gewalt erhöhen kann, und sich zu sagen, dass es bereits ein Zeichen von Stärke ist, diesen Schritt gewagt zu haben.

4. Grenzen der Wiedergutmachung

Viele werden ohne Wiedergutmachung durch die Täter oder die Parteinahme der Gesellschaft zurechtkommen müssen. Bedeutet dies, Bitterkeit und Hass ein Leben lang mit sich herumschleppen zu müssen? Gibt es einen Weg, trotz aller Verletzungen zu einem inneren Frieden zu finden? Manche setzen ihre Hoffnung auf Vergebung, um sich von der Last feindseliger Gefühle zu befreien, andere weisen diese Möglichkeit kategorisch ab und sehen in der Anklage und dem Protest die einzig mögliche Haltung, die dem erlittenen Unrecht gerecht wird.

Vergebung beinhaltet, dass der Anspruch auf eine Wiedergutmachung erlittenen Unrechts endgültig aufgegeben wird. Wenn keine Wiedergutmachung in irgendeiner Form stattgefunden hat, bedeutet dies, einzugestehen, dass auch in Zukunft keine Aussichten mehr vorhanden sind, vom Täter eine wie immer geartete Entschädigung für das zugefügte Leid zu erhalten, und sich mit diesem Verlust abzufinden: In vielen Fällen heißt es, von unrealistischen Erwartungen Abschied zu nehmen, die uns länger als nötig an die Täter binden. Die Hoffnung, in der Herkunftsfamilie jemals Anerkennung oder Anteilnahme zu finden, hält uns vielleicht in der Nähe von Menschen gefangen, die doch nur weiter zu unseren Verletzungen beitragen. In einer solchen Situation ist die Einsicht in die Aussichtslosigkeit der Wiedergutmachungswünsche ein Schritt zur Heilung, weil sie eine Distanzierung von der Familie bewirkt.

Die Psychoanalytikerin A. Miller weist jedoch darauf hin, dass Vergebung nicht zur Voraussetzung von Heilung gemacht werden kann, sondern umgekehrt zunächst Heilung stattgefunden haben muss, bevor Vergebung geschehen kann. Sie sagt: „Der unterdrückte Zorn, die Wut, der Hass werden erst dann nicht mehr ewig fortgezeugt, wenn die Geschichte der Verfolgung in der frühesten Kindheit entdeckt werden kann. Sie werden sich in Trauer und Schmerz darüber verwandeln, dass es so kommen musste, sie werden auch in diesem Schmerz dem echten Verständnis Platz machen, dem Verständnis des Erwachsenen, der einen Einblick in die Kindheit seiner Eltern bekommt und endlich vom eigenen Hass befreit, echtes tiefes Mitgefühl haben kann."[9]

Doch nicht jedem ist dieser Schritt möglich. Solange jemand seiner selbst nicht sicher ist, kann der Weg zur Vergebung innerlich blockiert sein. Es gibt Fälle, in denen die Opfer in der Haltung des Nichtverzeihens besser leben können.[10] Es muss also doch in gewissem Sinne eine Wiedergutmachung geschehen sein, nicht in der Weise, dass wir vom Täter einen Ausgleich für erlittenes Leid erhalten, aber doch so, dass der Schaden des erlittenen Unrechts- an Angst-, Schuld- und Schamgefühlen überwunden ist. Wenn wir in Beziehungen zu anderen Menschen Anteilnahme für unsere Situation erfahren, wenn das Leben uns andere Erfahrungen des Glücks schenkt, dann kann dies den Schaden der Vergangenheit „wieder gutmachen", d.h. heilen. Dann werden wir fähig, unsere Abhängigkeit von den Tätern zu lösen, die Vergebung verhindert.

Nun erst kann Vergebung eine Frage der freien Entscheidung sein, weil sie nicht mehr von dem inneren Drang nach einer heilen Welt bestimmt ist, sondern auf einer realistischen Einschätzung der Menschen beruht, die die Verletzungen zugefügt haben.

---

[9]   Miller, S. 286.
[10]   Vgl. Kutter, S. 31.

B. Der langsame Weg zur Vergebung

1. Vergebung als Prozess

Die Bereitschaft zur Vergebung hat im christlichen Glauben einen sehr hohen Stellenwert. Das zeigt sich nicht zuletzt daran, dass sie im wichtigsten Gebet des Christentums dem „Vater unser" vorkommt. In diesem Gebet, das den meisten von uns von Kindheit an vertraut ist und dem wir in jedem Gottesdienst begegnen, versprechen wir: „wie auch wir vergeben unseren Schuldigern." Doch es fällt schwer, diese Worte in den Mund zu nehmen, wenn unsere Gefühle eine ganz andere Sprache sprechen und wir erfüllt sind von Trauer und Zorn.

Eine erste Brücke zwischen diesen widerstreitenden Gefühlen und dem hohen christlichen Ideal der Vergebung fand ich in einer Überschrift zu einem Artikel über sexuelle Gewalt, der lautete: „Von der Langsamkeit der Vergebung".[11] Sich auf die Langsamkeit der Vergebung einzulassen, bedeutet, dass wir uns von dem Gedanken verabschieden müssen, dass sie ein einmaliger, schneller Vorgang ist, der nur auf unserem guten Willen beruht. Vergebung ist bei einer schweren Verletzung eher als ein langsamer Prozess zu verstehen, der viele Voraussetzungen hat und der sich in verschiedenen Schritten vollzieht. Er beginnt schon mit dem Verzicht auf unmittelbare Rache, und kann nur in den Fällen mit Versöhnung enden, in denen verschiedene Voraussetzungen erfüllt sind.

Vergebung ist ein Teil der höchsten und anspruchsvollsten ethischen Norm des Christentums, sie ist praktizierte Feindesliebe. Wir sollten deshalb nicht glauben, dass sie leicht zu erreichen ist, und uns nicht verurteilen, wenn wir sie noch nicht aussprechen können. Es kann eine lange Zeit dauern, bis wir in der Lage sind, zu diesem Schritt von ganzem Herzen Ja zu sagen. Darum heißt es in der Bibel: „Lieben hat seine Zeit und Hassen hat seine Zeit." (Koh 3,8) Ob und wann der Zeitpunkt zur Vergebung kommt, hängt nicht von uns allein ab. Es spielt auch eine Rolle, ob wir auf der anderen Seite Reue und Umkehr feststellen können.

[11] Bail, S. 99.

Zunächst jedoch gilt es, die Voraussetzungen dafür zu schaffen, dass Vergebung möglich ist. Auch hier können wir sicher sein, dass Gott nur soviel von uns verlangt, wie wir aus unserem Inneren heraus leisten können. Wenn es notwendig ist, Wut und Zorn zuzulassen, um zur Heilung zu kommen, dann wird Gott, der unser Heil will, nicht erwarten, dass wir diese Gefühle abtöten. Wenn Vergebung voraussetzt, dass wir eine gewisse Ich-Stärke erreicht haben, dann müssen wir unsere Anstrengungen darauf richten, erst einmal dieses Ziel zu erreichen. Indem wir anfangen, uns auf diesen Weg einzulassen, zeigen wir schon Bereitschaft zur Vergebung. Für alle Stationen dieses Weges können wir Hilfe aus dem Glauben erfahren.

2. Der Gott der Rache und des Zorns

Vergebung ist nicht die einzige Reaktion auf erlittenes Unrecht, von der in der Bibel berichtet wird. Auch Gott selber wird nicht nur als barmherziger Vater gezeigt, der den verlorenen Sohn in seine Arme schließt, sondern es ist auch von dem Gott die Rede, der voller Zorn über das Unrecht entbrennt und der als Rächer den Unterdrückten und Bedrängten zur Hilfe eilt. Gerade in den Psalmen lassen sich hierfür zahlreiche Belege finden, z.B. heißt es in Psalm 11,5,6: „Wer Gewalt liebt, den hasst Gott. Er lässt auf die Gottlosen regnen feurige Kohlen."

Manche dieser Texte sind von einer so schreckenden Grausamkeit geprägt, dass sie in den gebräuchlichsten Gebetssammlungen gestrichen wurden. Im Psalm 58, der zu den oft ausgelassenen Texten gehört, finden sich folgende Sätze über die Feinde: „Gott zerbrich ihnen die Zähne im Mund" (V 7) und „wie eine Fehlgeburt sollen sie die Sonne nicht schauen" (V 9). Von sich selbst sagt der Beter: „Wenn er die Vergeltung sieht, freut sich der Gerechte. Er badet die Füße im Blute des Frevlers." (V 11)

Doch diese Gebete lösen heute in uns zwiespältige Gefühle aus. Die bildliche Grausamkeit der Texte ist uns fremd und das Bild vom alttestamentlichen Gott, der spricht: „Mein ist die Rache" (Dt 32,35) kann Angst bereiten. Nicht zuletzt die Verbreitung solcher Gottesbilder hat aus der Frohbotschaft der Bibel oft eine Drohbotschaft gemacht. Ist es nicht als Fortschritt anzusehen, wenn diese Traditionen heute in der christlichen Verkündigung kaum mehr eine Rolle spielen? Viele empfinden es als Befreiung, wenn sie sich von diesem bedrohlichen Gottesbild verabschieden können. Diese Art von Gott zu reden gehörte zu einer Religion, die die Menschen klein machte, und somit die Intention der Verkündigung Jesu verfehlte. Doch wenn wir Gott nur noch als ein sanftes und nachsichtiges Wesen verstehen, und seinen Zorn über das von Menschen verursachte Leid ignorieren, geht ein wichtiger Teil des Glaubens verloren. Gott als gerechten Richter anzurufen, bedeutet, dass das Leid sehr ernst genommen wird, so ernst, dass es Gottes Antwort erfordert, so ernst, dass es in der Ewigkeit Berücksichtigung findet.

Wenn die Überlieferungen der „Rachepsalmen" heute beängstigend und bedrohlich wirken, so liegt dies nach Ansicht des Alttestamentlers E. Zenger auch an der Perspektive, aus der sie betrachtet werden und an der Verwendung, die sie gefunden haben. Wenn sie in der Erziehung dazu benutzt wurden, Kindern schon früh wegen kleiner Vergehen das Strafgericht Gottes vor Augen zu führen, und sie durch Ängste zu Anpassung und Gehorsam zu bewegen, dann sind sie in der Tat ein bedrückendes Erbe. Sie werden dann jedoch völlig aus ihrem ursprünglichen Kontext gerissen und so ihres ursprünglichen Sinnes beraubt.

E. Zenger sieht in diesen Psalmen aber nicht Lehraussagen über Gott, sondern „Lebensäußerungen der Verfolgten, Armen und zu Tode Erschrockenen, die damit den letzten Funken ihres Lebenswillens mobilisieren; sie sind verzweifelte Manifestationen ihrer Ohnmacht und der Versuch, sich die Subjekthaftigkeit nicht vollständig zertreten zu lassen. Sie sind Reaktion auf unsägliche Not."[12] Die Aggressivität der Gefühle entspringt also einer tiefen Hilflosigkeit, die ohne diese Möglichkeit, sich zur Sprache zu bringen, in ohnmächtige Verzweiflung umschlagen würde. Gerade in dieser inneren Situation besteht die Nähe dieser alten Texte zu den Erfahrungen, die wir während der Aufarbeitung traumatischer Verletzungen erleben.

Weil diese alten Gebete in Situationen tiefster Not entstanden sind, ist es nicht verwunderlich, dass gerade diese Texte in unserer

---

[12] Zenger, 1979, S. 17.

Gesellschaft dort aufgegriffen werden, wo Menschen tiefste Verletzungen davongetragen haben. Sie sind eine Möglichkeit, um Opfern von Gewalt eine Stimme zu geben. Für mich ist es beeindruckend, die sehr kreative Art zu sehen, mit der Menschen, die von Gewalt betroffen waren, mit dieser Gebetstradition umgegangen sind, und wie sie in der Auseinandersetzung mit den Psalmen einen Ausdruck für eigene Gefühle gefunden haben.[13] Einige davon sind im Gebetsteil abgedruckt.

Aber schon die ursprünglichen Bibeltexte bieten eine Möglichkeit zur Identifikation, wenn wir sie heute im Kontext unserer eigenen Gewalterfahrungen lesen. Ein Beispiel dafür ist der Psalm 6, in dem es heißt:

Sei mir gnädig, Herr, ich sieche dahin;
Heile mich, Herr, denn meine Glieder zerfallen!,
meine Seele ist tief verstört. Du aber,
Herr, wie lange säumst du noch?

Ich bin erschöpft vom Seufzen,
jede Nacht benetzen Ströme von Tränen mein Bett,
ich überschwemme mein Lager mit Tränen.

Gehört hat der Herr mein Flehen,
der Herr nimmt mein Beten an.
In Schmach und Verstörung geraten all meine Feinde,
sie müssen weichen und gehen plötzlich zu Grunde.

Ps 6,3,4,7,10–11

Das hier ausgesprochene Gefühl, dass die Glieder zerfallen und die Seele verstört ist, kann sehr gut als Verlust der Identität aufgefasst werden, wie er als Folge von sexueller Gewalt auftritt.[14] Aber auch andere Opfer von Gewalt werden sich in den Beschreibungen

[13] Vgl. Leehan.
[14] Bail, S. 112–113.

des eigenen Zustandes, des endlosen Weinens und dem Wunsch nach dem Zerbrechen der Macht der Täter gut wieder finden können.

Wenn der Betende hier mit dem Wunsch nach dem Zugrundegehen seiner Feinde vor Gott tritt, dann geschieht dies in der Hoffnung, dass Gott seinen Abscheu und seine Empörung über die von Menschen verursachten Grausamkeiten teilt. Er wendet sich an Gott in der Erwartung, dass dieser sich auf die Seite des Leidenden stellt und Gerechtigkeit schafft. Dass diese Form des Redens von Gott zum überlieferten Gebetsschatz der christlichen Kirchen gehört, bedeutet eine Ermutigung, dass wir sogar mit unserer Sehnsucht nach Vernichtung derer, die uns verletzen, vor Gott treten dürfen, ohne uns wegen dieser Gefühle zu schämen oder schuldig fühlen zu müssen.

Es sind nicht bestimmte Gefühle, die von uns als Christen gefordert werden. Entscheidend ist vielmehr, was wir mit unseren Gefühlen machen. Die Forderung nach Liebe bedeutet nicht, dass wir dem Anderen gegenüber ein bestimmtes Gefühl entwickeln müssen, welches von Nachsicht und Milde geprägt ist. Diese Vorstellung würde den Glauben zu einer weltfremden und blutleeren Lebenshaltung machen. Es kann auch eine zornige Liebe geben, eine Liebe, die zeigt, dass etwas in unseren Beziehungen mit anderen nicht stimmt, und die als Kraft wirkt, diesen Zustand zu beenden.[15]

Die Liebe als christliches Gebot wird sichtbar in unserem Handeln. Sie fordert, dass wir selbst das Leid nicht durch rächendes Handeln vergrößern. Es ist mit dieser Liebe vereinbar und bedeutet einen verantwortlichen Umgang mit diesen Gefühlen, wenn wir sie vor Gott aussprechen, aber es ihm überlassen, über die Täter zu richten.

Der erste Schritt auf dem weiten Weg zur Vergebung besteht deshalb darin, für die Wut über das erlittene Unrecht einen richtigen Ort zu finden. Das Aussprechen vor Gott bietet dazu eine Gelegenheit und erleichtert es, auf selbst vollzogene Rache, d.h. auf eine Schädigung des anderen mit dem alleinigen Ziel, sich aus seinem Leiden innere Befriedigung zu verschaffen, zu verzichten. Dies

---

[15] Vgl. Harrison, S. 20.

schließt jedoch nicht aus, den anderen mit seiner Schuld zu konfrontieren und eine Bestrafung, z.B. in Form eines Ausschlusses aus der Gemeinschaft zu fordern. Auch dazu können wir uns durch christliche Überlieferungen ermutigen lassen.

3. Reue und Umkehr

Vergebung bedeutet nicht, die eigenen Verletzungen zu verschweigen, so zu tun, als ob alles in Ordnung sei, die Kosten und das Leid, die das Fehlverhalten eines anderen für uns bedeutet, nicht wahrzunehmen oder zu bagatellisieren. Die stillschweigende Hinnahme von Unrecht ist nicht die Haltung, die von uns gefordert ist. Es gibt sogar eine alte moraltheologische Tradition, nach der die Zurechtweisung eines Sünders zu den Pflichten der christlichen Barmherzigkeit gezählt wird.[16] Berechtigte Kritik am anderen wird also nicht nur als erlaubt angesehen, sondern kann ein Ausdruck der Liebe zum Nächsten sein.

Die Grundlage für diese Auffassung bildet die Bibelstelle Mt 18,15–17: „Wenn dein Bruder sündigt, dann geh zu ihm und weise ihn unter vier Augen zurecht. Hört er auf dich, so hast du einen Bruder zurückgewonnen. Hört er aber nicht auf dich, dann nimm einen oder zwei Männer mit, denn jede Sache muss durch die Aussage von zwei oder drei Zeugen entschieden werden. Hört er auch auf sie nicht, dann sag es der Gemeinde: Hört er auch auf die Gemeinde nicht, dann sei er für dich wie ein Heide oder ein Zöllner." Dieser Text bietet einen ganz konkreten Vorschlag, wie mit einem Menschen umzugehen ist, der schwere Schuld auf sich geladen hat. Er soll zur Einsicht über sein falsches Handeln kommen und zur Umkehr bewegt werden. Außerdem ist gesagt, wer dafür zuständig ist, den Schuldigen oder die Schuldige auf sein oder ihr Unrecht hinzuweisen: Erst soll der Einzelne, dann eine kleine Gruppe und schließlich die ganze Gemeinde sich mit dem Schuldigen befassen. Bleibt er ohne Einsicht, dann wird die Gemeinschaft mit ihm aufgekündigt.

---

[16] Vgl. Häring, S. 882.

Bei dieser Vorgehensweise wird das Unrecht sehr ernst genommen. Es wird als eine Gefahr für die Menschlichkeit und das Zusammenleben in einer Gemeinschaft gesehen. Egoistisches und rücksichtsloses Handeln darf nicht hingenommen werden, sondern erfordert ein Einschreiten der anderen, weil es nicht nur dem schadet, dem Unrecht zugefügt wird, sondern auch dem, der das Unrecht begeht.

Im Mittelpunkt der Aufmerksamkeit steht in dieser Bibelstelle der Mensch, der anderen Schaden zugefügt hat. Es geht um die Frage, ob und wie er wieder in die Gemeinschaft eingebunden werden kann, die er durch sein böswilliges Verhalten gefährdet hat. Von ihm ist ein Umdenken zu fordern, bevor eine neue Gemeinsamkeit entstehen kann. Es geht auch um seine Menschlichkeit, um das Misslungene in seiner Persönlichkeit, das in der unbekümmerten Durchsetzung seiner Interessen auf Kosten anderer zum Ausdruck kommt. Seine Blindheit und Empfindungsunfähigkeit gegenüber dem Leiden anderer Menschen gilt es aufzubrechen, weil er nur so der Mensch ist, als der er von Gott gedacht ist.

Diese Einsicht bei Menschen zu erreichen, die durch Lieblosigkeit und Gewalt anderen tiefen Schaden zugefügt haben, ist jedoch eine sehr schwere Aufgabe. Wer die geeignete Person ist, um einen anderen auf sein Fehlverhalten anzusprechen, muss sehr sorgfältig geprüft werden, auch, ob dieses Vorgehen überhaupt Aussicht auf Erfolg hat.

Damit es zu einem Umdenken kommen kann, ist es notwendig, dass wenigstens teilweise die Bereitschaft und Fähigkeit vorhanden ist, sich in die Menschen hineinzuversetzen, die vom eigenen Handeln betroffen sind. Gerade das Fehlen dieser Fähigkeit ist jedoch der Grund für die meisten von Menschen verursachten Verletzungen. Alles, was das Einfühlungsvermögen in das Leid anderer Menschen fördert, kann einen Grundstein für ein neues verantwortliches Umgehen mit seinen Kräften legen. Hier ist „Schuldarbeit" notwendig, die eine tiefe Auseinandersetzung mit der eigenen Persönlichkeit bedeutet.[17]

Wenn jemand, der einem anderen Leid zugefügt hat, bereit ist, den Zusammenhang zwischen seinem Handeln und dem Leiden

---

[17] Vgl. Kutter, S. 30.

des anderen wirklich wahrzunehmen, sich seiner Schuld bewusst wird und sich seiner Verantwortung stellt, wird dies für ihn selbst ein schmerzhafter Prozess sein, der Zeit und Nachdenken erfordert. Wer sich darauf einlässt und Einfühlungsvermögen für sein Opfer entwickelt, wird verstehen, dass er das Opfer um Vergebung bitten kann, aber dass er darauf keinen Rechtsanspruch hat, sondern dass Vergebung ein Geschenk darstellt, das der Freiheit des Geschädigten entspringt.

Wenn ein Täter dagegen Vergebung fordert wie ein Recht, ist der Verdacht nahe liegend, dass er kein wirkliches Unrechtsbewusstsein hat und Vergebung nicht als Antwort auf das Eingeständnis seiner Schuld versteht, sondern als Möglichkeit, sie zu bagatellisieren und zu verleugnen.[18] Ein Kriterium, um die Veränderung des eigenen Denkens und Handelns unter Beweis zu stellen, kann die Bereitschaft zu einer Wiedergutmachung darstellen, denn auch wenn eine Entschädigung das vergangene Leid nicht auslöschen kann, hat sie dennoch Aussagewert über die veränderte innere Einstellung des Täters.

Realistischerweise geht auch der Bibeltext davon aus, dass die Aufforderung zur Umkehr nicht immer gelingt. Für diesen Fall sieht er ausdrücklich vor, keinen gemeinschaftlichen Umgang mehr mit dem Schuldigen zu pflegen. Der Ausschluss aus der Gemeinschaft ist nicht nur als Bestrafung des Täters zu verstehen. Er dient vor allem dem Schutz der Opfer. Für sie gilt es, innerhalb der Gemeinschaft einen sicheren Ort zu schaffen, und dies ist nicht möglich, solange sich die uneinsichtigen Täter dort frei aufhalten können. Für christliche Gemeinschaften ist daher auch heute zu fordern, dass sie ihre Parteilichkeit für die Opfer von Gewalt deutlich machen, um Orte der Heilung sein zu können, denn „für die Person, der unrecht getan wurde, ermöglicht die Disqualifizierung des Täters das Weiterleben in der Gemeinschaft.“[19]

Für jeden Einzelnen bedeuten diese Überlegungen, dass der Abbruch von Beziehungen zu Familienmitgliedern, die sich größere Verletzungen haben zu Schulden kommen lassen, berechtigt ist. Dies gilt zumindest, solange es nicht sichergestellt ist, dass es bei

18 Vgl. Jung, S. 27–28.
19 Jung, S. 32.

solchen Begegnungen nicht zu neuen Verwundungen kommt. Zusammenleben in Gemeinschaft ist nur mit denen möglich, die die Regeln des Zusammenlebens beachten.

4. Die Eltern ehren?

Beide hier genannten Verhaltensweisen, das Benennen von Unrecht und der Abbruch von Beziehungen zur Familie mögen bei traditionell christlich erzogenen Menschen Unbehagen auslösen, denn sie stehen zumindest auf den ersten Blick in Konflikt mit dem christlichen Gebot, die Eltern zu ehren. Dies gilt vor allem dann, wenn wir gelernt haben, dieses Gebot so zu verstehen, dass es von uns verlangt, den Anweisungen der Eltern kritiklos Folge zu leisten und die eigenen Bedürfnisse denen der Eltern fraglos unterzuordnen.

Zweifellos nimmt das Gebot, die Eltern zu ehren, innerhalb der jüdisch-christlichen Überlieferung einen wichtigen Platz ein, denn es gehört als das vierte der zehn Gebote, die Moses nach der Überlieferung des Alten Testaments von Gott empfangen hat, zum Grundstock jüdisch-christlichen Glaubens. Ursprünglich richtete es sich nicht an Kinder, sondern an die rechtsfähigen israelitischen Männer, und beinhaltete die Pflicht, den Eltern die materielle Existenz zu sichern, wenn diese durch Alter und Gebrechlichkeit selbst dazu nicht mehr in der Lage waren. Zugleich forderte dieses Gebot aber auch dazu auf, den Rat der Alten und die von ihnen überlieferten Lebensmodelle ernst zu nehmen.[20] Es geschah erst später, dass der Sinn dieses Gebotes verengt und das „Ehren" mit „Gehorchen" gleichgesetzt wurde. „Ehren" bedeutete in der alttestamentlichen Sprache zunächst soviel wie „gewichtig nehmen, das zustehende Gewicht geben."[21] Keinesfalls lässt sich aus dem Gebot ein willkürlicher Herrschaftsanspruch Erwachsener über Kinder ablesen oder die Verpflichtung, das eigene Leben ganz nach den Ansprüchen der Eltern auszurichten, auch wenn das oft in missbräuchlicher Absicht geschehen ist.

[20] Vgl. Auer, S. 91–92.
[21] Vgl. Deissler, S. 96.

Welches Gewicht Eltern beigemessen werden muss, ob sie in legitimer Weise Respekt, Achtung und Gehorsam erwarten können, hängt auch davon ab, inwieweit sie wirklich „Eltern" gewesen sind, und dem, was ihre Rolle als Eltern von ihnen forderte, erfüllt haben. Das Eltern-Kind-Verhältnis ist auch nach der Bibel eine Beziehung mit beiderseitigen Verpflichtungen, die aufeinander bezogen sind. Dies kommt sehr anschaulich in der Hoffnung zum Ausdruck, die das Volk Israel auf den Propheten der Erlösungszeit richtete: „er wird das Herz der Väter wieder den Söhnen zuwenden, und das Herz der Söhne ihren Vätern" (Mal 3,24).

Auch der Apostel Paulus verbindet, obwohl er das patriarchalische Denken seiner Zeit nicht ganz überwinden kann, die Aufforderung, die Eltern zu ehren, mit Appellen an die Väter, gut zu ihren Kindern zu sein. „Ihr Väter, reizt eure Kinder nicht zum Zorn", schreibt er im Brief an die Epheser (Eph 6,4) und die Väter unter den Kolossern mahnt er: „schüchtert eure Kinder nicht ein, damit sie nicht mutlos werden" (Kol 3,21).

Bei Jesus selbst findet sich einerseits eine Bekräftigung der materiellen Verpflichtung gegenüber den Eltern, aber andererseits auch eine deutliche Grenzsetzung für familiäre Bindungen. Er sagt: „Ich bin gekommen, um den Sohn mit seinem Vater zu entzweien, und die Tochter mit ihrer Mutter und die Schwiegertochter mit ihrer Schwiegermutter, und die Hausgenossen eines Menschen werden seine Feinde sein. Wer Vater oder Mutter mehr liebt als mich, ist meiner nicht würdig, und wer Sohn oder Tochter mehr liebt als mich, ist meiner nicht würdig." (Mt 10,35–36) Der geschichtliche Hintergrund dieser Aussage Jesu bestand in der Erfahrung, dass die Botschaft Jesu Familien entzweite.[22] Sie ist nicht darauf ausgerichtet, verwandtschaftliche Beziehungen insgesamt in Frage zu stellen, aber sie macht sehr deutlich, dass es Situationen geben kann, in denen ein Bruch mit den Angehörigen notwendig ist. Es sind Situationen, in denen es um die eigene Orientierung für das Leben geht, um die Grundentscheidung für den eigenen Weg, für das als Gute und Richtige Erkannte.

---

[22] Vgl. Schweitzer, S. 163.

Bei dem Bemühen um Heilung geht es ebenfalls um die zentralen Fragen der eigenen Identität. Es gilt herauszufinden, welche Wertmuster für unser Leben heilsam und bestimmend sein können. Wenn wir feststellen, dass die in der Kindheit erlernten Verhaltensweisen von Lieblosigkeit und Lebensfeindlichkeit geprägt waren, müssen wir uns von diesen lange unbewusst in uns wirkenden Gesetzen befreien. Die Bindung zur Herkunftsfamilie kann ein sehr großes Hemmnis bilden, diese Rollenzwänge abzulegen. Wenn wir eigene Familien gründen, in denen die Partnerschaft zwischen Mann und Frau, Eltern und Kindern die Grundlage des Zusammenlebens bilden, wenn wir uns nicht damit begnügen wollen, das Gelingen unseres Lebens an materiellem Wohlstand zu messen, wenn wir uns weigern, die äußere Fassade des schönen Scheins eigener Stärke zu bewahren, werden wir kaum Unterstützung von denen erfahren, die ihr Leben an anderen Maßstäben ausgerichtet haben. Es ist viel innere Unabhängigkeit und oft auch äußere Distanz erforderlich, sich durch Ablehnung und Kritik nicht vom eigenen Weg abbringen zu lassen.

Jesus selbst hat erfahren, dass sein Lebenswerk und seine Lebensweise in seiner Familie Befremden und Widerstand auslöste. Davon handelt die wahrscheinlich auf eine historische Erinnerung zurückgehende Erzählung in Markus 3,20–35, die davon berichtet, dass die Verwandten Jesu kamen, um ihn von seiner Sendung abzuhalten, denn sie glaubten, er hätte den Verstand verloren. Jesus weist seine Angehörigen mit den Worten ab: „Wer ist meine Mutter und die Brüder?... Wer den Willen Gottes tut, der ist mir Bruder und Schwester und Mutter" Jesus grenzt sich damit gegenüber der eigennützigen Inanspruchnahme durch seine Familie ab, und verweist auf seine neue Familie, die sich um ihn zu bilden beginnt.[23]

Viele von uns erleben, dass unsere leiblichen Eltern und Geschwister nicht wirklich für uns Mutter und Vater, Bruder und Schwester sind. Auch wir müssen dann eine neue „Familie" suchen, Menschen, mit denen wir nach dem Willen Gottes in Liebe zusammenleben können. Die biblischen Texte zeigen, dass es Grö-

---

[23] Vgl. Gnilka, S. 152–153.

ßeres und Wichtigeres geben kann, als den Zusammenhalt der Familie um jeden Preis zu bewahren.

5. Vergebung als Feindesliebe

Dennoch bleibt das Bemühen um Vergebung, das letztlich von der Sehnsucht geprägt ist, neue Gemeinschaft zu ermöglichen, ein wichtiger Wert. Vergebung umfasst zwei Seiten: die Tat und den Menschen. Wir vergeben eine Tat, indem wir sie in unserem Verhalten gegenüber dem Menschen, der uns Leid zugefügt hat, als ungeschehen betrachten. Wir vergeben dem Menschen, indem wir ihm ungeachtet seiner Tat Achtung und Respekt entgegenbringen.

Diese zweite Form der Vergebung ist uns am leichtesten möglich, wenn wir mit einem Menschen auch gute Erinnerungen verbinden. Wenn wir unsere Eltern z.B. nicht nur als verletzend oder versagend erlebt haben, sondern uns auch an Augenblicke der Geborgenheit, der gemeinsamen frohen Unternehmungen und an Zeichen der Fürsorglichkeit erinnern, dann können wir sie auf Grund ihrer auch vorhandenen guten Eigenschaften achten und wertschätzen.

Aber auch wenn uns vor allem ihre Grenzen und Schwächen geprägt haben, können wir manchmal als Erwachsene verstehen, warum sie so waren, wie sie waren, und warum sie uns zu wenig oder das Falsche auf unseren Lebensweg mitgegeben haben. Die Aufarbeitung der eigenen seelischen Verletzungen macht meist sensibel für die Wahrnehmung seelischer Verletzungen bei anderen. Eine Frau sagt dazu: „Ich trauere auch um meine Mutter. Es tut mir weh, dass sie nie erkannt hat, was für ein wunderbarer Mensch sie ist, und dass sie es immer noch nicht weiß. Sie musste mich missbrauchen, weil sie sich selbst so hasst. Lange war ich zornig darüber, aber dann begann ich, um sie zu trauern, denn sie ist wunderbar, sie ist liebevoll."[24]

Wir können vielleicht auch in unserer eigenen Lebensgeschichte entdecken, dass die Spur der seelischen Verletzungen oft weiter zurück reicht als eine Generation. Nicht selten ist gewalttätiges Ver-

---

[24] Bass/Davis, S. 109.

halten eine Folge von eigenen Gewalterfahrungen in der Kindheit.[25] Und wenn wir unser Verhalten den eigenen Kindern gegenüber betrachten, werden wir leider oft mit Schrecken wahrnehmen, dass wir selbst es nicht immer schaffen, uns ganz aus den gelernten Verhaltensmustern zu befreien.

Vielleicht haben unsere seelischen Verletzungen ihren Ursprung nicht allein in innerfamiliären Gegebenheiten. Auch die traumatischen Ereignisse von Krieg, Gefangenschaft, Flucht und Vertreibung, die große Teile der älteren Generation noch erlebt haben, haben tiefe seelische Spuren im Inneren vieler Menschen hinterlassen, die unbemerkt an die nächste Generation weitergegeben wurden. In der Betriebsamkeit der Wiederaufbaujahre fanden sie überhaupt keine Berücksichtigung. Oft wurden die bedrohlichen Gefühle mit Tabletten und Alkohol betäubt oder durch betriebsames Verhalten verdrängt und so in unbewusster Form an die Kinder vererbt.

Mit solchen Überlegungen soll nicht alles entschuldigt werden, was geschehen ist. Wir können so aber leichter verstehen, warum es in der Bibel heißt: „Richtet nicht, damit auch ihr nicht gerichtet werdet." (Lk 6,37) Dieser Satz will sagen, dass wir über einen anderen Menschen kein letztes Urteil fällen können. Wir können sagen, sein Handeln war falsch, denn es hat uns geschadet. Wir können jedoch nicht mit Gewissheit sagen, warum ein Mensch sich uns gegenüber so verhalten hat. Hätte er voraussehen können, wie stark sein Handeln unser Leben beeinträchtigt hat? Gab es äußere und innere Zwänge, die sein Handeln beeinflusst haben? Hatte er die Chance, sein Leben grundlegend anders zu gestalten, sodass es für uns mehr Lebens- und Entfaltungsmöglichkeiten gegeben hätte? Diese Fragen entscheiden über das Ausmaß der Schuld eines Menschen, über das wir von außen kaum urteilen können. So tief können wir in einen anderen Menschen nicht hinein sehen, auch wenn es sich um unsere Eltern handelt. Mit diesen Fragen steht jeder Mensch allein vor seinem Gewissen und allein vor Gott. Das letzte Urteil über einen Menschen bleibt ihm vorbehalten.

Dennoch gibt es Menschen, deren Grausamkeit so ausgeprägt ist oder deren Persönlichkeit so verkommen ist, dass es unserer tiefsten inneren Überzeugung widerspricht, ihnen Achtung und Respekt

---

[25] Miller, S. 127.

entgegen zu bringen. Ein Mensch, der seine Triebe an Kindern auslebt, verdient keine Achtung. Ein Mensch, der im bewusstseinstrübenden Nebel seiner Drogen- oder Alkoholsucht versinkt, und den seine Sucht zur hemmungslosen Missachtung der Interessen anderer treibt, kann keinen Respekt erwarten. Ein Mensch, der seinen Mitmenschen durch seine Tyrannei und Gehässigkeit das Leben zur Hölle macht, ist nicht liebenswert.

Die Liebe, die hier nach christlichem Verständnis noch möglich ist, ist nicht die Liebe zu dem Menschen, der sich in der Gegenwart zeigt. Nur der Glaube, dass es hinter diesem erschreckenden Menschen der äußeren Wirklichkeit noch einen anderen Menschen geben könnte, eine Ahnung von dem, als was Gott diesen Menschen gedacht hat, kann bewirken, dass die Liebe hier noch nicht am Ende ist. Es ist eine Liebe, die gegen allen Augenschein den anderen nicht ganz aufgibt, die eine Hoffnung für diesen Menschen gegen alle Hoffnung aufrechterhält, auch wenn er in diesem Leben sein Menschsein verfehlt. Dies ist es, was das Gebot der Feindesliebe in äußerster Konsequenz meint. Es ist ein Ideal, das mit unseren begrenzten Liebesfähigkeiten immer wieder in einem Spannungsverhältnis steht, und dennoch den Horizont der Möglichkeiten unseres eigenen Menschseins erschließt.

6. Vergebung aus der Erfahrung des Heilwerdens

Das Gebot der Vergebung steht wie alle ethischen Ideale im christlichen Glauben in einem ganz bestimmten Kontext. Jedem Anspruch an den Menschen geht ein Zuspruch Gottes voraus. Bevor er etwas vom Menschen verlangt, gibt er ihm Heilung und Befreiung. Ein Gleichnis zeigt, dass auch die Vergebung in diesem Kontext gesehen werden kann. Dieses Gleichnis handelt von einem Mann, der von seinem Herrn sehr hohe Schulden erlassen bekommt, weil er sie nicht zurückzahlen kann. Doch der Diener ist nicht bereit, das erfahrene Gute weiter zu geben und auch selbst auf die Eintreibung seiner Schulden zu verzichten. Stattdessen lässt er den Mann, der ihm eine viel kleinere Summe nicht zurückzahlen kann, ins Gefängnis werfen. Da wird sein Herr zornig (Mt 18,23–25).

Die Sinnspitze dieser Geschichte liegt im Gegensatz zwischen dem Verhalten des Herrn und seines Dieners.[26] Nicht dass der Diener die Schulden nicht erließ, rief den Zorn des Herrn hervor, sonders dass er das Gute, dass er selbst in großem Maß geschenkt bekam, nicht weiter gab.

Wenn wir diese Geschichte auf unsere Situation beziehen, können wir fragen, welche Schulden uns erlassen werden. Tragen wir berechtigte oder unberechtigte Schuldgefühle mit uns herum, die wir noch nicht loswerden können? Können wir uns selbst vergeben, dass wir Opfer geworden sind, dass wir vieles, was wir uns vorgenommen haben, nicht erreicht haben, dass unser Leben vielleicht nicht dem entspricht, was wir von uns selbst erwarten? Wenn wir glauben, dass Gott unsere Schulden erlässt, können wir uns auch selbst ungeachtet unserer Fehler und Schwächen Achtung und Wertschätzung entgegenbringen. Es braucht Zeit, sich diese Haltung selbst anzueignen, wenn sie dem Erbe unserer Kindheit widerspricht. Jedes Mal, wenn wir uns wegen unserer Fehler klein machen und unsere vergifteten Gedanken uns verurteilen, müssen wir dem Einhalt gebieten, und uns daran erinnern, wie liebenswert wir in Gottes Augen sind. Dann können wir langsam zu Menschen werden, die auch anderen vergeben können.

Echte Vergebung, die nicht auf der Verleugnung und Verdrängung der Verletzungen beruht, ist ein sehr anspruchsloses Ziel. Es zu erreichen setzt voraus, dass zuvor das Unrecht die ihm angemessene Aufmerksamkeit erfahren hat. Erst wenn wir unseren Gefühlen des Schmerzes und der Wut Ausdruck verliehen haben, und wenn wir die Parteinahme anderer Menschen und Gottes erfahren, verliert das Unrecht einen Teil seines Schreckens. Erst danach ist der Blick frei auf den Menschen, der hinter dem Unrecht steht und der doch mehr ist als seine Tat. Ihn verstehen und respektieren zu können, ist der wesentliche Schritt zur Vergebung. Ob neue Gemeinschaft möglich ist, hängt auch davon ab, ob auf der anderen Seite Einsicht und Reue zu finden sind, sodass nicht nur Vergebung, sondern sogar Versöhnung stattfinden kann. Nur wenn tiefgreifende Verwandlung geschieht, kann die Vergangenheit so weit bewältigt

---

[26] Vgl. Luz, S.68f

werden, dass sie in der Beziehung zwischen Opfer und Täter keine Rolle mehr spielt.

Aber auch in den vielen Fällen, in denen dieser letzter Schritt nicht möglich ist, hat jede einzelne Stufe ihren eigenen Wert. Gott verlangt nicht Vollkommenheit von uns, sondern das Bemühen, uns zum Guten hin weiter zu entwickeln. Der Herr im Gleichnis erwartet vom Diener Barmherzigkeit gegenüber dem Anderen aus Dankbarkeit über das, was er selbst an Güte erlebt hatte. Wenn wir selbst Heilung spüren, kann auch für uns heute die Dankbarkeit darüber den wesentlichen Anstoß zur Vergebung geben. Wir können hoffen, dass unsere Fähigkeit zur Vergebung mit der Heilung unserer Wunden wächst. Bis es so weit ist, können wir darauf vertrauen, dass Gott nichts von uns erwartet, was wir nicht vorher als sein Geschenk erfahren haben.

C. Spirituelle Wegbegleitung

1. Gebete

Wut

Gott, ich versuche, meine Wut
dorthin zu richten, wo sie hingehört,
nicht gegen mich, ein unschuldiges Kind,
sondern gegen den, der meine Unschuld stahl.
Gott, diese Wut überschwemmt so viele Bereiche meines Lebens.
Manchmal trifft sie die sichersten Ziele,
mich oder die Menschen, die ich liebe.

Gott, es ist schwer, diese Wut dorthin zu richten, wo sie hingehört,
an den Ort, der sich am unsichersten anfühlt.
Gott, hilf mir, meine Wut dorthin zu richten,
wo sie hingehört, und dann lass ihre weiße Glut mich reinigen,

und lass ihre Wahrheit mich erlösen,
und lass ihre Gerechtigkeit mich verwandeln,
damit ich erneuert werde und damit
ich befreit bin. Amen.

Nach Catherine Foote

*

Reue

Heute hörte ich einen Kindesmisshandler sprechen.
Ich hörte seine Worte des Leugnens, vermischt mit Worten der
Einsicht
über das Leid, das er in einem jungen Leben verursacht hat.

Gott der Gerechtigkeit und der Gnade,
sei bei ihm, wenn er die harte Arbeit der Reue verrichtet
und lernt, sich der Wahrheit seines Verbrechens bewusst zu
werden,
lernt, sich selbst die Wahrheit zu sagen,
lernt, dir die Wahrheit zu sagen,
lernt, sich zu ändern.

Und Gott, bleib bei dem Kind, das er verletzte,
bringe das Kind an einen Platz der Liebe und des Lebens,
wo es seine Geschichte erzahlen kann. Lass das Kind jemanden
finden,
der Kinder reden lässt, und der zuhört und ihm glaubt. Amen.

Nach Catherine Foote

Rachepsalm

Ich fordere deine Gerechtigkeit Gott
Hilf mir tritt du für mich ein
Lass ihn zittern vor Angst diesen Kinderseelenmörder
Zu einem Nichts schrumpfen soll seine Seele

Du sollst mein Racheengel sein Gott
Hilf mir tritt du für mich ein
Lass ihn nicht davon kommen diesen ehrbaren Schrebergärtner
Erfinde die Hölle neu für ihn

Du allein bist stärker als er Gott
Hilf mir tritt du für mich ein
Lass meinen Körper wieder ganz allein mir gehören Gott
Schmeiß ihn raus aus meiner Seele

Nur du kannst mich von ihm freikämpfen Gott
Hilf mir tritt du für mich ein
Lass meinen Körper wieder ganz allein mir gehören Gott
Schmeiß ihn raus aus meiner Seele.

Nur du kannst mich von ihm freikämpfen Gott
Hilf mir tritt du für mich ein
Und sag deinen Leuten sie sollen mit ihrem Gesäusel aufhören
Bis in die Schrebergärten muss man sie hören

In mir tut alles so weh Schwester Gott
Hilf mir tritt du für mich ein
Lass es nicht diesen Dreckskerl sein der als letzter lacht Gott
Und erlöse mich von meinem Vater für immer.

Carola Moosbach

Wo ist deine Strafe?

Gott der Hoffnung und allen Segens,
ich brauche deine Hilfe und Unterstützung.

Meine Peiniger gehen frei umher,
während ich von Schmerz gequält werde.

Wo ist meine Freiheit?
Wo ist ihre Bestrafung?

Ich habe mich unter vielen Mühen,
Ängsten, Zweifeln und Zittern bemüht zu heilen.

Wo ist ihre Bestrafung? Warum gehen sie frei umher?
Du sprichst von Gerechtigkeit. Wo ist dein Zorn auf sie?

Ich habe kein Unrecht getan als Kind, und doch wurde ich
missbraucht.
Warum zeigst du mir nicht deinen Abscheu ihnen gegenüber?

Gib ihnen die Erinnerungen, die unglaublich erscheinen,
denen ich ins Auge sehen muss, um ans andere Ufer zu gelangen.

Erlaube ihnen, die Tiefe der Hölle zu erfahren,
stelle sicher, dass sie Verlorenheit und Scham kennen lernen.

Lass sie, o Gott, die Größe der Leere fühlen,
nicht zu wissen, wer sie sind, weil sie niemanden erfreuen können,
gleichgültig, wie sehr sie es versuchen.

Erlege ihnen die Erfahrung auf, völlig beschämt zu sein,
weil sie sind, wie sie sind, weil sie existieren.

O Gott, der meine Rechtschaffenheit bestätigen wird,
berücksichtige diese Dinge und deine Bestrafung wird ihren
Verbrechen angemessen sein.

O Gott der Gnade und der Liebe, ich glaube auch an deine Gerechtigkeit
Und dein Aufrichten der Unterdrückten.
Ich glaube, ich vertraue, ich hoffe und wartend danke ich dir.

Amen.

Nach Psalm 2

*

Schuldig gegenüber mir selbst

Gott, ich bekenne vor dir,
dass ich keinen Glauben an meine eigenen Möglichkeiten gehabt habe.
Dass ich in Gedanken, Worten und Taten Verachtung für mich
Und für mein Können gezeigt habe. Ich habe mich selbst nicht gleichviel geliebt wie die anderen,
nicht meinen Körper, nicht mein Aussehen,
nicht meine Talente, nicht meine Art zu sein.
Ich habe andere mein Leben steuern lassen.

Ich habe mich verachten und misshandeln lassen.
Ich habe mehr auf das Urteil anderer vertraut als auf mein Eigenes und habe zugelassen, dass Menschen gleichgültig und bösartig
Mir gegenüber gewesen sind, ohne ihnen Einhalt zu gebieten.
Ich bekenne,
dass ich mich nicht im Maße meiner vollen Fähigkeiten entwickelt habe,
dass ich zu feig gewesen bin, um in einer gerechten Sache Streit zu wagen,
dass ich mich gewunden habe, um Auseinandersetzungen zu vermeiden.

138

Ich bekenne,
dass ich es nicht gewagt habe, zu zeigen, wie tüchtig ich bin,
nicht gewagt habe, so tüchtig zu sein, wie ich es wirklich sein
kann.

Gott, unser Vater und Schöpfer,
Jesus, uns Bruder und Erlöser,
Geist, unsere Mutter und Trösterin,
vergib mir meine Selbstverachtung,
richte mich auf,
gib mir Glauben an mich selbst und Liebe zu mir selbst.

Elisabeth Moltmann-Wendel

Im Ringen um Verzeihen

Diesem Menschen zu vergeben,
nein, Herr,
das vermag ich nicht.
Zu schwer
trage ich
an der Zerstörung,
die er angerichtet hat
in mir.
Nie wird er
mich um Verzeihung bitten
in seiner Selbstgerechtigkeit.

Ich bin nicht nur zornig,
nein, ich hasse ihn.

Was er mir angetan hat,
ist unverzeihlich.
Im Grunde meines Herzens weiß ich,
dass ich mit meiner Unversöhnlichkeit

den Schaden
nur noch größer mache,
denn Hass
vergiftet die Seele.
Wo der Hass wohnt,
kann dein Geist nicht sein.
Herr, ich bitte dich,
befreie mich von der Unfähigkeit
zu vergeben.
Mach mich bereit und fähig,
zu sehen,
dass das Böse
auch in meinem Herzen wohnt
und dass wir alle
davon leben,
dass du uns immer wieder
einen neuen Anfang schenkst.

Sabine Naegeli

Unermüdliche Versöhnung

Christus
Groß ist meine Sehnsucht
Verzeihen zu können
Ganzheitlich nicht nur mit dem Kopf
Sondern mit Herz und Seele

Doch da
Wo ich zutiefst verletzt worden bin
Wo ich mich zutiefst verunsichern ließ
Weil ich mich zu wenig schützen konnte
Da bleibt echte Versöhnung weit weg von mir

Siebenundsiebzigmal
Erzählt von dieser beharrlichen Geduld
Vom Nichtmachenkönnen
Weil Vergebung ein Geschenk ist

Rühre mich an und verwandle
Behutsam-bestimmt
Meine Hartherzigkeit in Bereitschaft zur Begegnung.

Pierre Stutz

2. Meditation

Die folgende Meditation der „Wohlwollenden Güte" oder „Metta"
kommt aus der buddhistischen Tradition, entspricht jedoch auch
dem christlichen Gedanken der Liebe zu sich selbst, dem Nächsten
und dem Feind. Sie wird auch in der Therapie von Traumapatient-
tInnen eingesetzt. Dabei bleibt es jedem selbst überlassen, wie weit
er den Kreis der Menschen ziehen kann, die er in seine Segenswün-
sche einbeziehen möchte.

„Schließe die Augen und strecke dich, langsam und genüsslich...
Werde dir deiner Atmung bewusst... Achte darauf, wie sich
dein Körper leicht hebt, während du einatmest, und sich wieder
entspannt, während du ausatmest... Jedes Ausatmen ist eine Ge-
legenheit, loszulassen und dem Fluss, dem Fließen gegenwärtig
zu werden... Stelle dir vor, dass du den göttlichen Geist einat-
men kannst – als ein strahlendes weißes Licht, das durch den
Scheitel in dich einströmt und beim Ausatmen durch deinen gan-
zen Körper wirbelt... Gestatte dem Licht, durch dich hindurch zu
fließen und sich über dich zu ergießen, so als stündest du in ei-
nem Sonnenstrahl... atmest in einen Sonnenstrahl... umgeben
von seinem Licht und seiner Wärme, die einen großen Kreis um
dich bilden.
Wiederhole für dich selbst die folgenden Segenssprüche:

„Möge ich Frieden erlangen. Möge ich die Schönheit meiner wahren Natur erkennen. Möge mein Herz offen bleiben. Möge ich geheilt werden."

Rufe einen oder mehrere Freunde oder Verwandte ins Bewusstsein, und stelle sie dir so anschaulich und realistisch wie möglich vor.. Sieh diese Menschen im Lichtkreis stehen, und konzentriere dich auf sie mit großer Achtung und Liebe...

„Möget ihr Frieden erlangen. Möget ihr die Schönheit eurer wahren Natur erkennen. Möge euer Herz offen bleiben. Möget ihr geheilt werden."

Rufe dir einen oder mehrere Menschen ins Bewusstsein, zu denen du ein gespanntes oder konfliktreiches Verhältnis hast. Sieh diese Menschen im Licht stehen..

„Möget ihr Frieden erlangen. Möget ihr die Schönheit eurer wahren Natur erkennen. Möge euer Herz offen bleiben. Möget ihr geheilt werden."

Sieh unsere liebliche Erde wie einen Edelstein in der samtenen Schwärze des Weltraums schweben. Ihre weißen Wolken, blauen Wasserflächen und grünen Kontinente..

„Möge Frieden auf Erden sein. Mögen die Herzen aller Geschöpfe füreinander offen sein. Möge alles Leben sein vollkommenes Potenzial erreichen. Möge alles Leben die Herrlichkeit des Lichts widerspiegeln."

Fühle dich wieder vom Lichtkreis umgeben, umhüllt und erleuchtet...

Wenn es etwas in deinem Herzen gibt, was du Gott sagen möchtest, tue es jetzt...

Geliebte, Vater-Mutter des Alls, danke für die Gabe des Lebens. Amen."

Joan Borysenko

V. Trauer und Hoffnung

A. Die Integration des Traumas

1. Das Verlorene betrauern

Wenn wir unsere Verletzungen bewusst wahrgenommen und vielleicht sogar noch einmal durchlebt haben, wenn wir Wut und Zorn empfunden und vielleicht sogar ausgesprochen haben, sind wir dennoch noch nicht am Ziel unseres Weges angelangt. Oft wird uns noch für lange Zeit immer wieder tiefer Schmerz überfallen. Dann fragen wir uns, wann wir wohl endlich heil sein werden. Wir sehnen uns danach, dass wir statt Schmerz wieder Lebensfreude empfinden. Wir wünschen uns, dass unsere Kräfte nicht mehr durch die Auseinandersetzung mit der Vergangenheit gebunden sind, und wir hoffen, dass wir uns eine neue, bessere Zukunft aufbauen können. Wann aber ist die Zeit unserer Trauer und des Schmerzes endlich vorbei? Wann kann unser Heilungsprozess als abgeschlossen gelten?

Bei der Bewältigung traumatischer Lebensereignisse ist nach Ansicht der Psychoanalytikerin Verena Kast ein ähnlicher Trauerprozess zu durchleben, wie beim Verlust eines geliebten Menschen.[1] Die Aufteilung dieses Prozesses in Phasen bedeutet nicht, dass es einen gesetzmäßigen, kontinuierlichen Ablauf gibt, sondern es handelt sich um eine Entwicklung, die zeitweise auch im Kreis verlaufen oder stagnieren kann. Oft handelt es sich bei der Trauer um einen sehr langwierigen und leidvollen Prozess, vor allem wenn nicht ein einziges traumatisches Ereignis zu betrauern ist, sondern eine lange Kette von Missachtung und Misshandlung, die die gesamte Lebensgeschichte überschattet hat. In der letzten Phase der Trau-

---

[1] Vgl. Kast, 1996, S. 118.

maheilung geht es darum, das Trauma als Teil des eigenen Lebens zu akzeptieren, die Folgen, die es im Verhältnis zu uns selbst und zu anderen hatte, zu erkennen und einen neuen Bezug zu uns selbst und unserer Umgebung zu finden.

Trauer ist zunächst einmal eine sehr bittere Aufgabe, denn sie beinhaltet, anzuerkennen, wie viel Verlust an Vertrauen, an Geborgenheit, an Selbstsicherheit, an Lebenschancen und Lebensglück mit den Verletzungen der Kindheit verbunden ist. Eine Frau fasst ihre Einsichten über ihr Leben mit den Worten zusammen: „Ich könnte heute eine ganz andere Frau sein. Als Kind hätte ich eine bessere Ausbildung bekommen müssen. Ich hab' zu früh geheiratet. Ich hab' mich hinter meinem Mann versteckt und keinen Kontakt zu anderen Leuten bekommen. Ich hab` kein erfülltes Leben gehabt. Es ist nie zu spät, aber ich habe erst angefangen, daran zu arbeiten, als ich achtunddreißig war, und nicht alles kann wieder gutgemacht werden."[2]

Es ist hart, sich wirklich bewusst zu machen, welche Lebensmöglichkeiten durch das erlittene Unrecht genommen wurden und noch werden, und zu erfahren, wie ungeheuer schwer es ist, sich aus den Fesseln der Vergangenheit zu lösen. Für manche Menschen, die sehr viel Leid erlebt haben, berührt oder übersteigt diese Aufgabe jedoch die Grenze des Erträglichen. So können in dieser Phase noch einmal intensive Selbstmordgedanken auftauchen, die jetzt nicht mehr einem zwanghaften Impuls entwachsen, sondern Ausdruck einer tiefen Verzweiflung über das erinnerte Ausmaß menschlicher Grausamkeit sind.[3] Die entscheidende Aufgabe an dieser Stelle des Trauerprozesses lautet für viele, ohne das innere Bild sorgender Eltern überleben zu müssen und es ist die Frage, ob ein Leben ohne dieses Bild überhaupt möglich ist.

Es ist verständlich, dass manche Menschen innerlich nicht in der Lage sind, diesen Schritt zur Anerkennung der traurigen Realität ihrer Lebenserfahrungen zu vollziehen, weil diese Wirklichkeit zu hart und zu bitter ist. Ich erinnere mich an einen jungen Mann, der mit schwersten Depressionen in eine Klinik eingewiesen wurde,

[2]   Bass/Davis, S. 28.
[3]   Vgl. Herman, S. 275.

nachdem wieder einmal eine Partnerschaft in seinem Leben zerbrochen war. Er war bereits wegen einer Vielzahl körperlicher Erkrankungen längere Zeit als Maurer arbeitslos gewesen, und hatte in seiner freien Zeit auf dem Grundstück seiner Freundin ein Haus gebaut, das er sich als neues Zuhause erhoffte, als sie ihn verließ. Damit wiederholte sich die Erfahrung, verlassen zu werden, die er schon aus seiner Kindheit in der DDR kannte. Sein Vater war in den Westen geflohen, ohne jemals wieder von sich hören zu lassen, und seine Mutter hatte ihn in ein Heim gegeben, als sie einen neuen Mann kennen lernte. In einer Gruppentherapiesitzung erlebte ich, wie er sich trotz hartnäckigen therapeutischen Drängens weigerte, die Lieblosigkeit, die im Verhalten seiner Mutter lag, einzugestehen, und unbeirrt daran festhielt, die inzwischen altersdemente Frau im Pflegeheim zu besuchen.

Für mich hinterließ diese Situation eine tiefe Skepsis gegenüber allen vorschnellen Urteilen gegenüber Menschen, die sich nicht auf den Weg der Trauer einlassen können. Trauer über die Vergangenheit braucht ein Mindestmaß an Geborgenheit in der Gegenwart, um nicht zerstörerisch zu sein. Wenn Menschen sich dagegen sträuben zu trauern, kann dies aus dem instinktiven Wissen geschehen, dass Trauern in der Einsamkeit, ohne die Unterstützung und Bestätigung der Mitmenschen und ohne ein Gegengewicht an glücklichen Erfahrungen nicht heilsam ist.

Aber auch wenn unsere eigene Lebensbilanz freundlicher ausfällt, sodass wir den Blick auf unsere Wirklichkeit wagen können, ist dieser Weg nicht leicht. Vielleicht werden wir feststellen, dass manches für uns für immer verloren ist. Partnerschaften können zerbrochen sein, weil wir in ihnen die Lösung von Problemen gesucht haben, die so nicht zu erreichen war. Freundschaften erweisen sich plötzlich als nicht mehr tragfähig, weil wir in ihnen nur solange akzeptiert wurden, wie wir unsere alten, von der Kindheit diktierten Rollen spielten. Das Gleiche gilt für unsere verwandtschaftlichen Beziehungen, die auf Grund unserer veränderten Sicht der Kindheit oft neu geordnet werden müssen, und dabei vielleicht zerbrechen. Auch im beruflichen Bereich können Möglichkeiten unwiderruflich vergangen sein, weil wir nicht in der Lage waren, unsere Stärken zum Einsatz zu bringen.

In dieser Zeit der Trauer, in der wir sehr empfindlich und verletzbar sind, sind wir sehr darauf angewiesen, Gesprächspartner zu finden, die unsere Traurigkeit verstehen und uns auf der Suche nach verbleibenden Lebensmöglichkeiten unterstützen können.[4] Mit anderen Menschen an unserer Seite können wir langsam aus den Scherben unserer unerfüllten Träume das Mosaik unseres zukünftigen Lebens erstellen.

2. Gebundene Kräfte wiedergewinnen

Dem Schmerz zum Trotz liegen auch Chancen darin, sich auf den Prozess der Trauer einzulassen. Die Anstrengungen, die wir unternommen haben, um uns vor der Wirklichkeit zu schützen, werden überflüssig. Es ist nicht mehr notwendig, in der einen oder anderen Form aus der Wirklichkeit auszusteigen, die Gefühle abzutöten oder zu betäuben. Das Gedankenkreisen um die erlittenen Verletzungen, das Starren auf die eigenen Wunden lässt allmählich nach. Der Körper reagiert nicht mehr nach Gesetzen, die einer anderen Situation und Zeit entstammen. Viele der Symptome, die durch das Abspalten der Gefühle bedingt waren, gehen langsam zurück.

Die äußere Wahrnehmung der Realität, das Denken und das Fühlen fallen nicht mehr auseinander, sondern können miteinander verbunden werden. Nun wird es möglich, die eigene verlorene Identität zurückzugewinnen. In der Auseinandersetzung mit der Vergangenheit werden uns nicht nur unsere Verluste, sondern auch unsere Stärken deutlich, die uns geholfen haben, trotz aller Belastungen zu überleben. Wenn wir trauernd zur Kenntnis nehmen, was wir in unserem bisherigen Leben vermissten, erfüllt uns dieses Wissen zugleich mit einer Vorstellung von dem, was wir noch von unserem Leben erhoffen. Versäumte Chancen zu erkennen, beinhaltet auch, vielleicht zum ersten Mal wahrzunehmen, welche Fähigkeiten in uns stecken, und Ideen zu entwickeln, wie wir sie doch noch nutzen können. Wenn wir dem nachgehen, wie uns durch die

---

[4] Canacakis, S. 220.

gestörten Beziehungen zu wichtigen Menschen in unserem Leben Schaden zugefügt wurde, können wir gleichzeitig Vorstellungen davon bekommen, wie gelungene Beziehungen zu anderen Menschen gestaltet werden können. Vor allem können wir lernen, fehlerhafte Einstellungen und Verhaltensweisen nicht an die nächste Generation weiterzugeben und die Kette der Unterdrückung zu durchbrechen.

Wenn wir uns der Gestaltung der Gegenwart und Zukunft zuwenden, bedeutet dies nicht, dass wir den kleinen, verletzten und kindlichen Teil in uns vergessen. Er bleibt in uns als ein Teil unserer Lebensgeschichte und wird immer die Art mitbestimmen, in der wir die Welt betrachten und in ihr handeln. Es gibt nun kein neues Abtrennen der Vergangenheit, sondern einen einzigen Menschen, der gute und bittere Erfahrung in sich vereint. Dies bringt eine Frau zum Ausdruck, die sagt: „Ich kann nie vergessen, dass in mir ein kleines Mädchen steckt, das verletzt, erniedrigt und missbraucht wurde. Auf meinem Weg durch die Jahreszeiten meines Lebens werde ich an frohen wie an traurigen Tagen immer auf es Acht geben und es nie verlieren. Das kleine Mädchen und ich sind eins."[5]

Am Ende der Trauerphase in der Traumaheilung steht die Annahme des eigenen Lebens, so wie es ist.[6] Annahme bedeutet nicht, mit dem Verlauf seines Lebens einverstanden zu sein oder in den schmerzlichen Ereignissen der Vergangenheit etwas Gutes zu sehen. Es ist kein Zustand der Zufriedenheit oder sogar des Glücks. Es bedeutet nur, die Wirklichkeit zu sehen, wie sie ist, mit allem Schmerz und aller Trauer, die damit verbunden sind. Aber wenn wir dem Unrecht, das uns zugefügt wurde, die angemessene Aufmerksamkeit zuteil werden lassen, können wir zu einer inneren Einstellung gegenüber unserer Geschichte finden, bei der Verstand und Gefühl übereinstimmen. Auf diesen Standpunkt können wir zurückgreifen, wenn wir immer wieder einmal mit Erinnerungen an unsere belastende Vergangenheit konfrontiert werden. Wir müssen dann nicht neu anfangen, uns gedanklich und gefühlsmäßig damit zu beschäftigen, was geschehen ist. Die Kräfte, die wir darauf verwendet haben, die Vergangenheit zu verdrängen, werden jetzt frei.

[5] Lison, S. 266.
[6] Reddemann, 1998, S.98.

Wenn die Vergangenheit, die unser Erleben der Gegenwart über-schattet hat, aus unseren Reaktionen und Empfindungen zurück-weicht, kehrt oft eine neue Farbigkeit in das Leben zurück. „Zum ersten Mal", sagt eine Frau, „freue ich mich an Dingen wie den Vö-geln und den Blumen, an dem Gefühl der Sonne auf meiner Haut" ganz einfache Sachen. Ich kann ein gutes Buch lesen. Ich kann in der Sonne sitzen. Ich kann mich gar nicht daran erinnern, diese Dinge jemals genossen zu haben, nicht einmal als Kind. Ich bin aufgewacht."[7]

Wenn es gelingt, den ganz normalen Alltag mit seinen Höhen und Tiefen wieder zu bewältigen, ist dies ein großer Erfolg, auch wenn vielleicht Angst- und Schmerzgefühle bleiben, wenn be-stimmte Menschen oder Situationen dauerhaft gemieden werden müssen. Wenn wir wieder am gewöhnlichen Leben teilnehmen können, wieder in den Kreis unserer Mitmenschen zurückgekehrt sind, dann ist Heilung geschehen. Und es führt zu einem berechtig-ten Gefühl des Stolzes und der Freude, die vielfältigen Schwierigkei-ten auf dem Weg zur Traumaheilung überwunden zu haben.

3. Integration in die Gemeinschaft

Je nach Therapierichtung gibt es unterschiedliche Vorstellungen davon, wann die Integration eines Traumas beendet ist. Die grund-legendste Form von Integration ist die Einfügung verdrängten le-bensgeschichtlichen Materials in das bewusste Erleben eines Men-schen, mit dem die Symptome der Abwehr in der Regel zurückge-hen. Doch auch wenn dies gelungen ist, bleibt danach die Aufgabe, die Bedeutung des Erlebten für das eigene Leben zu erkennen und die traumatischen Erfahrungen in den Lebenszusammenhang zu in-tegrieren, wie es in der Zeit der Trauer geschieht.

Zur Integration in dieser zweiten Bedeutung kann es auch gehö-ren, Fragen nach dem Sinn des eigenen Leids zu stellen. Viele The-rapeutInnen sehen es als ihre Aufgabe an, ihre PatientInnen auf die-sem Weg zu begleiten, weil sie der Überzeugung sind, dass es im

---

[7]   Bass/Davis, S. 52.

Dienst der Heilung steht, sich mit dem Sinn und der Bestimmung des eigenen Lebens auseinanderzusetzen.

Ausdrücklich geschieht dies in den Ansätzen der so genannten transpersonalen Psychotherapie, zu deren bekanntesten Vertretern C.G. Jung und V. Frankl gehören. Obwohl die beiden sehr unterschiedliche Konzepte vertreten, stimmen sie darin überein, dass Heilung mehr ist als die Reduzierung der quälendsten Symptome. Psychotherapie kann jedoch nur ermutigen, sich auf die Suche nach eigenen Antworten auf die Fragen des Lebens zu begeben, da es ihre Grenzen überschreiten würde, einen konkreten Sinn menschlichen Daseins zu benennen. So sagt V. Frankl: „wir können nicht sagen, was der Sinn ist, sehr wohl können wir zu verstehen geben, dass das Leben einen Sinn hat,…"[8] Und bei C. G. Jung heißt es: „Wenn dieses Ziel der Erreichung der Ganzheit und der Verwirklichung der ursprünglich gemeinten Persönlichkeit in natürlicher Weise im Patienten wachsen soll, so mögen wir zu diesem Zweck verständnisvoll mithelfen. Wächst es aber nicht aus sich, so kann es auch nicht eingepflanzt werden, ohne ein dauernder Fremdkörper zu bleiben."[9]

Doch auch diese individuellen Versuche der Sinnsuche bleiben unvollkommen, wenn sie nicht in eine Gemeinschaft eingebunden sind. Weil wir Menschen als soziale Wesen auf andere angewiesen sind, brauchen wir auch einen Platz in der Gesellschaft, an dem wir mit unserer Lebens- und Leidensgeschichte angenommen sind. So gibt es noch eine weitere wichtige Dimension der Integration eines Traumas, die darin besteht, dass die Opfer der Gewalt aus der gesellschaftlichen Isolation befreit und mit ihren Erfahrungen wieder in die Gemeinschaft der Menschen integriert werden. Herman zeigt in einem ausführlichen historischen Überblick, wie sehr die Heilungschancen von traumatisierten Menschen davon abhängen, wie sich die Gesellschaft zu bestimmten Formen der Gewalt und Unterdrückung verhält.[10]

Leider ist die Stigmatisierung, der Menschen mit psychischen Erkrankungen ausgesetzt sind, noch nicht völlig überwunden. In den

---

[8]   Frankl, S. 62.
[9]   Jung, S. 882.
[10] Vgl. Herman, S. 17–52.

letzten Jahrzehnten hat es jedoch wichtige Neuansätze in der Bewertung psychischer Erkrankungen gegeben. Es ist beeindruckend, dass es vor allem engagierte Betroffene selbst waren, die ein Umdenken in der Psychotherapie und einen gesellschaftlichen Wandel einleiteten. Die Friedens- und die Frauenbewegung schufen den gesellschaftlichen Rahmen zur Neubewertung der Folgen von kriegerischer und sexueller Gewalt. Aber die Untersuchungen Hermans zeigen auch, dass die Opfer zu verborgenem und unverstandenem Leiden gezwungen sind, wenn die Gesellschaft ihnen Anteilnahme und Solidarität verwehrt. Solange die Anwendung kriegerischer Gewalt und die Unterdrückung von Frauen gesellschaftlich nicht in Frage gestellt wurden, war es nicht möglich, diese Probleme angemessen zu erforschen.

Traumaheilung hat letztlich nicht nur einen individuellen, sondern auch einen gesellschaftlichen Aspekt. Wenn als oberstes Ziel der menschlichen Entwicklung nicht Autonomie, sondern Mitmenschlichkeit gesehen wird, dann endet Traumabewältigung erst in der Erfahrung und Äußerung von Solidarität. Die Pädagogin H. Schuchardt, die zahlreiche Biografien von Menschen untersuchte, die schwere Krisenerfahrungen durchlebten, stellte fest, dass bei einigen Betroffenen auf die Phase Annahme des eigenen Leidens eine Öffnung nach außen hin folgte. Deshalb fügte sie dem Stufenmodell der Krisenverarbeitung noch die Phasen der Aktivität und Solidarität hinzu. Diese Stufe der Krisenbewältigung kommt jedoch nur dann zu Stande, wenn in der Krise mitmenschliche Begleitung und Solidarität erfahren wird. Dann kann es gelingen, „nicht mehr im Widerstand gegen, sondern mit dem scheinbar Unannehmbaren zu leben, als Übernahme einer neuen Aufgabe, die es individuell sowie solidarisch zu gestalten gilt. Erst dann wird in der Krise Sinn und vielleicht sogar Glück erfahrbar." [11]

So sucht auch eine nicht kleine Minderheit der von Traumatisierungen Betroffenen den Sinn des vergangenen Leids darin, dass sie das überstandene Trauma schließlich als Herausforderung empfinden, gesellschaftlich aktiv zu werden. [12] Indem sie sich für andere

[11] Schuchardt, S. 38.
[12] Herman, S. 298.

einsetzen, und für gerechtere Lebensbedingungen eintreten, knüpfen sie eine neue Verbindung zwischen dem eigenen Leiden und der Gesellschaft und wirken daran mit, die Welt für die nachwachsenden Generationen ein wenig sicherer zu machen.

B. Sinn und Hoffnung finden

1. Nach dem Sinn des Leids fragen

Wenn wir uns mit den Folgen traumatischer Erfahrungen für unser Leben auseinandersetzen, stellt sich irgendwann einmal die Frage: „Warum?" Warum musste mein Leben so früh von Leid durchzogen werden, warum waren mir nicht wenigstens ein paar glückliche frühe Jahre gegönnt, die noch unberührt waren von der Last des Lebens? Warum wird mein Leben jahrelang von Ängsten und Depressionen beeinträchtigt und meine Lebensfreude zerstört?

Wer an Gott glaubt, richtet die Frage nach dem Sinn des Leids auch an Gott und will wissen, warum er so viel Leid auf der Welt zulässt. Kann all dieses Leid vereinbar sein mit einer grundsätzlich guten Ordnung der Welt, mit einem gütigen Schöpfergott? Für viele Menschen bleibt die unbeantwortete Frage nach dem Sinn des Leidens der wichtigste Grund, nicht an Gott zu glauben.

Die Frage nach dem Sinn des Leidens kann uns in zwei Richtungen führen. Sie kann nach einer Ursache oder nach einem Ziel für das Leid suchen. Bei der Frage nach der Ursache stoßen wir bei Traumatisierungen, die durch Menschen hervorgerufen wurden, auf das Phänomen menschlicher Schuld. Schuldhaftes Handeln verursacht Leid. Einige Theologen haben deshalb das Leid als Preis der Freiheit gedeutet.[13] Sie sagen, Gott lässt das Leid zu, weil er dem Menschen die Freiheit gegeben hat, gegen seinen Willen zu handeln. Die alte Geschichte von Adam und Eva, die gegen den Willen Gottes den Apfel vom Baum der Erkenntnis essen, ist ein Versuch,

---

[13] Vgl. Greshake, S. 29.

diese Erkenntnis von der missbrauchten Freiheit der Menschen in mythologischer Form auszudrücken. Dass sich diese Freiheit des Menschen nicht nur gegen Gott, sondern auch gegen den Mitmenschen wendet, zeigt sich in dieser Urgeschichte nur kurze Zeit später, als Kain seinen Bruder Abel erschlägt (Gen 1–4).

Auch unser Leid wurde verursacht durch bösartiges, egoistisches, gleichgültiges oder gedankenloses Handeln, das entweder geplant und gewollt war oder auf mangelnde Selbstbeherrschung und Liebesfähigkeit zurückzuführen ist. Es kann sehr schwer fallen, dieses für sich selbst und sein Leben zu akzeptieren. Ein Teil von uns will einfach nicht wahrhaben, dass das, was wir erlebt haben, wirklich geschehen ist. Wir möchten gern die Augen davor verschließen, vor allem wenn wir von den Menschen, die uns in unserer Kindheit verletzt haben, heute noch Liebe erwarten. Wenn wir ihre Begrenztheit und Selbstbezogenheit zur Kenntnis nehmen, bedeutet das vielleicht, dass unsere Sehnsucht nach Liebe auch heute unerfüllt bleibt, weil die Menschen, die wir brauchen, sie uns nicht geben werden. Sie tragen die Schuld, wir aber tragen die Last des Schmerzes. Diese Erfahrung, dass menschliches Leben durch das Handeln anderer Menschen zerstört oder verletzt wird, ist so alt wie die Menschheit selbst. Die überlieferten Geschichten können uns darin unterstützen, dies auch für unser Leben als Wahrheit anzuerkennen und zeigen, dass wir mit dieser Erfahrung nicht allein sind. Doch die Fragen bleiben.

Konnte Gott den Menschen nicht auf andere Weise Freiheit zugestehen, als dass er das Glück wehrloser Kinder in die Hand oft so fehlbarer Eltern legte? Womit habe gerade ich es verdient, zum Opfer der Gewalt anderer Menschen zu werden? Unsere Sehnsucht nach Gerechtigkeit bleibt durch diesen Erklärungsversuch des Leids ungestillt.

Vom Verlangen nach Gerechtigkeit sind zwei andere theologische Denkmodelle geprägt, die das Leid entweder als Strafe Gottes für begangenes Unrecht oder als Prüfung für den Menschen ansehen, der danach seinen Lohn erhalten wird. Das biblische Bild, Leid sei wie ein Schmelzofen, der das Gold in unserem Inneren zum Vorschein bringt (Weish 3,6) ist ein Beispiel für die Auffassung, dass Leid uns zu unserem wahren Selbst finden lässt. Der Gedanke, eine leidvolle Situation sei eine Prüfung oder eine Chance zur Bewährung, ist noch immer aktuell. Leid wird auch heute noch oft als Appell an den Leidenden verstanden, sich zu verändern. Dann ist die Rede davon, dass uns jedes Leid die Möglichkeit gibt, daraus zu lernen und es damit unser inneres Wachstum fördern kann. Auch in psychologischen Ratgebern taucht dieser Gedanke auf, das Leid sei eine Gelegenheit zum Lernen und eine Chance zur Reifung der Persönlichkeit, wenn nicht sogar eine „Initiation in eine neue Seinsweise".[14]

Ein ganzes Buch des Alten Testamentes, das Buch Hiob, ist der Auseinandersetzung mit diesen beiden Erklärungsansätzen für das Leid gewidmet. Es zeigt den Mann Hiob, der seine Kinder, seinen Reichtum und seine Gesundheit verloren hat, und nun von seinen Freunden bedrängt wird, sein Leiden als Strafe (4,7) oder Prüfung Gottes (5,17) anzunehmen. Er jedoch widersetzt sich standhaft diesen Überzeugungsversuchen und bleibt beharrlich in seiner Haltung der Anklage gegenüber Gott und der Weigerung, sein Leid als sinnvoll zu akzeptieren.

Hiob beklagt sich, dass er durch das Gerede seiner Freunde zu Unrecht dazu aufgefordert wird, die Verantwortung für sein Leid auf sich zu nehmen. Diese Situation ist vielen Leidenden heute nicht unbekannt. Wohlmeinende FreundInnen, TherapeutInnen und SeelsorgerInnen, die glauben, dem Leidenden helfen zu können, indem sie seinem Leid einen Sinn geben wollen, merken nicht, dass sie dem Leidenden damit nicht gerecht werden. Indem sie belehren, unterstellen sie mangelnde Einsicht und vermitteln das Gefühl, die Last und die wirkliche Tragweite des Leids nicht zu verstehen.

Das gilt auch für moderne theologische Ansätze, die an den psychologischen Vorgang der Trauerarbeit anknüpfen und die verbleibenden Freiheitsmöglichkeiten des Menschen im Leid betonen. In einem solchen Denken wird es zur moralischen Aufgabe der Opfer, Trauerarbeit zu leisten, und es scheint, als ob sie diejenigen wären, die eine Weiterentwicklung ihrer Persönlichkeit am nötigsten hätten. Trauerarbeit als psychischer Prozess, der dem Leidenden

---

[14] Borysenko, S. 81.

wieder Lebensmöglichkeiten eröffnet, darf nicht zu einer moralischen Norm erhoben werden. Trauerarbeit, die zu einer moralischen Verbesserung des Menschen führt, muss vor allem als Aufgabe der Täter angesehen werden, da nur so sich ungerechte Gewaltverhältnisse verändern können. Dies wird deutlich bei einem kollektiven Trauma wie dem Holocaust, bei dem die Deutschen und nicht die Juden die wesentliche Trauerarbeit zu leisten haben.

Von einem Opfer Trauerarbeit zu fordern, verpflichtet es, sich mit unvorstellbarem Leid zu konfrontieren. Der Respekt vor dem Ausmaß des erlittenen Leids gebietet es jedoch, dem Opfer ein Recht auf Verdrängung zuzugestehen. Nur ihm selbst steht ein Urteil darüber zu, wie viel Leid es erinnern will, und ob es Sinn darin sieht, sich mit vergangenen Gräueltaten zu konfrontieren.

Nur vom Betroffenen selbst kann auch beurteilt werden, ob sich in seinem Leid auch etwas Gutes zeigt. Es gibt tatsächlich manchmal auch positive Auswirkungen von Leiderfahrungen. Es ist möglich, dass das Leid unsere Augen schärft für die Zerbrechlichkeit des menschlichen Glücks und uns veranlasst, behutsamer mit den Gaben Gottes umzugehen. Es kann unser Einfühlungsvermögen für andere Menschen erhöhen und zu einem menschlicheren Miteinander beitragen. Es lehrt uns vielleicht Durchhaltevermögen und Geduld und stärkt damit unseren Charakter. Vielleicht hat unser Leid nicht nur für uns selbst, sondern auch für unsere Umgebung gute Folgen. Die lange Kette falscher Verhaltensmuster, die vielleicht schon über Generationen weitergegeben wurden, mag zum Halten kommen oder wenigstens abgeschwächt werden, weil wir dem durch dieses Verhalten ausgelösten Leid ins Auge sehen. Die Sünden der Väter, die in unseren Krankheitssymptomen zum Ausbruch kommen und denen wir ins Gesicht sehen, vererben sich dadurch hoffentlich nicht mehr bis ins dritte und vierte Glied.

Das Leid generell als Lehrer aufzufassen, birgt die Gefahr, Gott in der Rolle eines sadistischen Schulmeisters zu sehen, die vom christlichen Glauben her nicht zu akzeptieren ist.[15] Dieses Denkmodell löst auch nicht die Frage, warum einige Menschen viel stärker vom Leid betroffen werden als andere. Es bleibt unerklärlich, war-

---

[15] Vgl. Sölle, 1978, S. 32f.

um die einen qualvoll lernen müssen, was anderen ohne die mühevolle Schule des Leids gelingt. Wir sehen, dass es Menschen gibt, die ein gelungenes Familienleben führen, ohne dass sie Schwierigkeiten mit vertrauensvollen Beziehungen durchlebt haben. Wir sehen, dass Menschen Erfüllung und Anerkennung im Beruf finden, ohne Ängste vor Prüfungen oder Autoritäten überwinden zu müssen. Und wir sehen, dass Menschen über tiefe Einsichten in das Leben verfügen, ohne dafür den Preis entsetzlich tiefen Leidens gezahlt zu haben.

Es ist richtig, dass wir im Laufe unserer Persönlichkeitsentwicklung Phasen des Abschieds durchlaufen müssen, die mit Trauer und Verlusten verbunden sind. Diese Übergänge sind notwendig, um zu einer erwachsenen Person zu reifen. So geben wir die ständige körperliche Nähe der Mutter auf, um laufen zu lernen. Wir geben die jugendliche Ungebundenheit auf, um eine Partnerschaft einzugehen. Traumatische Erfahrungen dagegen sind Verlusterfahrungen, die die natürliche Entwicklung stören, und die die Kindheit oft vorzeitig beenden, ohne dass die Grundlagen für erwachsenes Verhalten gegeben sind. Das Tragische dieser Erfahrungen besteht gerade darin, dass sie Verluste sind, die nicht durch Gewinn aufgewogen werden.

Es gibt auch Leid, das zu groß ist, um durch noch so große Lerneffekte ausgeglichen zu werden. Es gibt Leid, das zu schwer ist, um einem Menschen zu innerem Wachstum zu verhelfen. Gerade traumatische Leiderfahrungen fallen nicht selten in diese Kategorie des Leids, für das sich kein Gewinn und kein Nutzen aufweisen lässt.

Auch Hiob beansprucht für sein Leid, dass es sich nicht mit den Denkmodellen von Strafe und Prüfung erklären lässt. Er besteht darauf, nicht weniger gerecht zu sein, als seine vom Leid verschonten Freunde. Er akzeptiert ihre Aufforderung, in sich zu gehen und sich zu verändern nicht, und er fordert stattdessen von Gott die Veränderung seiner leidvollen Lage. Und Gott gibt ihm Recht!

Gott hört der Klage Hiobs zu, und er ergreift seine Partei. Er versucht nicht, sein Leiden herunter zu spielen, sondern er zeigt ihm: Ich bin da! Und diese Anteilnahme, dieser Beistand hilft Hiob, in seinem Leiden zu bestehen.

Gott zeigt damit einen Weg, der es ermöglicht, im Leiden nicht zu Grunde zu gehen. Leiden, das die Lernfähigkeit eines Menschen übersteigt, lässt sich nur auf eine einzige Art umwandeln in Sinn, indem es zum Anlass wird für die Erfahrung von Solidarität. Die Antwort des christlichen Gottes auf das Leid ist Mitleiden mit den Opfern.[16]

Für alle, die Leidende begleiten, bedeutet dies, dass sie es dem Opfer selbst überlassen müssen, über die Möglichkeiten des Lernens aus dem Leid und Wachsen am Leid zu entscheiden. Ihre Aufgabe besteht dagegen darin, in der Erfahrbarkeit mitmenschlicher Nähe das Leid bestehbar zu machen. Denn „leidend leben lässt sich im Letzten nur vermittels der vollen Präsenz anderer Menschen, die nicht nur instrumentell Hilfe vermitteln, sondern durch den „Trost der Präsenz", der aus der Liebe zum Dasein erwächst, die Leidsituation in Hoffnung auf Verwandlung teilen."[17] Verwandlung einer Erfahrung von Leid in eine Erfahrung von Sinn ist nach dieser Sicht nicht so sehr die Aufgabe des einzelnen, der sein Leiden annimmt, sondern der Gemeinschaft, die den Leidenden annimmt.

Doch die Frage nach dem Sinn des Leidens bleibt ungelöst. Auch theologische Überlegungen helfen letztlich nicht, den Sinn des Leids zu verstehen. Aber wenn wir den Sinn des Leidens auch nicht verstehen können, zeigt die Antwort Gottes auf Hiob einen Weg, im Leiden zu bestehen. Wenn wir im Leid die Nähe Gottes und die Nähe anderer Menschen spüren können, werden wir im Leid nicht zu Grunde gehen.

2. Im Leben Sinn finden

Die ungelöste Frage nach dem Sinn des Leids bedeutet nicht, dass wir ganz auf Sinn verzichten müssen. Nur müssen wir die Frage anders stellen. Dann geht es nicht um den Sinn der Krankheit, des Leidens, sondern den Sinn des Lebens. Eine Möglichkeit für einen Christen im Leid die Suche nach Sinn nicht aufzugeben, fasst der Pastoraltheologe Bernhard Grom mit den Worten zusammen: „Die

---

[16] Vgl. Zenger, 1976, S.50.
[17] Holderegger, S. 322.

Krankheit selbst hat für ihn keinen Sinn, doch das Leben behält, trotz der Krankheit, seinen unverlierbaren Sinn, Gemeinschaft mit den Menschen und mit Gott zu ermöglichen."[18] Diese verbleibenden Sinnmöglichkeiten unseres Lebens aufzuspüren, ist die Aufgabe, die uns schließlich gestellt ist.

Vieles kann uns genommen werden, und vieles können wir verlieren. Aber das, worauf es nach dem christlichem Glauben letztlich ankommt, bleibt uns erhalten. Seinen Wert erhält das Leben nicht durch unsere Fähigkeiten oder die äußeren Güter, mit denen es verbunden ist, wie z.B. Gesundheit, Wohlstand, Erfolg und die Anerkennung anderer Menschen. Dies alles ist immer wieder gefährdet. Wir können und dürfen uns bemühen, diese Dinge zu erhalten, aber oft liegt es nicht in unserer Hand, ob wir sie bekommen oder nicht. Darüber können wir zu Recht unglücklich oder traurig sein, denn unser Leben wird dadurch leidvoll, aber es verliert dadurch nicht seinen Sinn. Christlicher Glaube sieht den Sinn des Lebens in der Liebe, die wir in unserem Leben verwirklichen und von der der Apostel Paulus sagt: „Wenn ich mit Menschen-, ja mit Engelszungen rede, habe aber die Liebe nicht, so bin ich ein tönendes Erz und eine gellende Schelle. Und wenn ich die Prophetengabe habe und alle Geheimnisse weiß und alle Erkenntnis besitze und wenn ich allen Glauben habe, sodass ich Berge versetzen vermöchte, habe aber die Liebe nicht, so bin ich nichts." (1 Kor 13,1–2)

So klar und eindeutig dieses Ziel auch ist, so schwer ist es herauszufinden, was dies für mein ganz konkretes Leben bedeutet. Wo kann ich Liebe leben, und sind mir nicht gerade hier von meinen Verletzungen her enge Grenzen gesetzt?

Unsere Beziehungen zu anderen Menschen sind belastet durch Enttäuschung und Misstrauen, viele unserer Fähigkeiten verkümmern durch Mutlosigkeit und Angst. Wenn wir dann anfangen, uns mit anderen zu vergleichen, dort gelungene Beziehungen und erfüllte Lebensentwürfe sehen, und wir dem nachhängen, was hätte sein können, wenn die Belastungen des Traumas unser Leben nicht so stark beeinflusst hätten, werden wir leicht mutlos und verzweifelt. Gemessen an anderen, stehen wir vielleicht mit leeren Händen

---

[18]   Vgl. Grom, S. 182.

da, und wenn wir dann ein Urteil über unser Leben fällen, lautet es: zu wenig.

Während der Therapie lernte ich mehrmals Menschen kennen, die erst spät in der zweiten Lebenshälfte Gelegenheit hatten, sich um die Verletzungen ihrer Kindheit zu kümmern. Darunter waren vor allem Frauen, die erst einmal ihre Kinder groß gezogen haben und ihre seelischen Schwierigkeiten so gut es ging verdrängten oder nur mit Medikamenten milderten, und erst nach der Familienphase anfingen, sich ernsthaft mit ihrem eigenen Lebensglück zu beschäftigen. Dort schlich sich neben der Angst vor dem „zu wenig" auch noch die Angst vor dem „zu spät" ein.

Es gibt zwei Erzählungen Jesu, die dieser Angst begegnen. Die eine ist das Gleichnis von den Arbeitern in einem Weinberg (Mt 20,1–16). Einige von diesen Arbeitern werden von dem Herrn schon früh am Morgen zur Arbeit geholt, andere erst Stunden später und wieder andere erst eine Stunde vor Ende des Arbeitstages, und dennoch zahlt der Herr ihnen allen den gleichen Lohn. Was auf den ersten Blick wie eine große Ungerechtigkeit aussieht, erhält dadurch einen Sinn, dass auch die Arbeiter, die erst spät in den Weinberg geschickt wurden, schon frühmorgens bereit waren, ihre Arbeit zu tun, aber dazu keine Gelegenheit erhielten. Für Gott zählt die Bereitschaft, nicht der Umfang der tatsächlich erbrachten Arbeitsleistung. Für ihn gibt es kein zu spät, sondern wichtig ist, dass jeder das von ihm Geforderte zu seiner Zeit erfüllt. Wir dürfen deshalb annehmen, dass auch die Jahre, in denen unsere „produktiven" Kräfte brachliegen, vor Gott zählen, weil nicht wir selbst es sind, die verhindern, dass sie wirksam werden können.

Die andere Geschichte erzählt von einer armen Witwe, die einen einzigen Pfennig in den Opferstock wirft, und dennoch nach Jesu Urteil mehr gab als viele Reiche, weil sie in ihrer Armut alles hinein geworfen hatte, was sie zum Leben hatte (Mk 12,41–44). Hier wird das Messen und Vergleichen mit anderen, die mehr haben, in Frage gestellt, und deutlich gemacht, dass nur unsere eigenen Möglichkeiten der Maßstab dafür sind, wie viel wir geben müssen. Wenn wir anderen bewundernd oder vielleicht auch neidisch zusehen, wie sie in ihrem Leben Großes schaffen, dann müssen wir uns daran erinnern, dass wir uns nicht mit ihnen vergleichen müssen. Derjenige, der seine Fähigkeiten durch eine gute Ausbildung zum Tragen bringen konnte, derjenige, dessen schöpferische Kräfte sich in einer wohl wollenden Umgebung entfalten können, ist in anderer Weise gefordert als die, deren Leben durch schwere Krankheit beschnitten wurde. Wenn uns vielleicht auch nur ein kleiner Freiraum bleibt, in dem wir unsere Liebesfähigkeit entfalten können, dann zählt nur das, was wir in diesen uns gesteckten Grenzen verwirklichen.

Mich hat es berührt, Spuren der Liebe auch dort zu finden, wo Menschen fast völlig in den Fesseln ihrer Krankheit gefangen waren. So staunte ich, als eine Mitpatientin, die in ihren Bewegungen und ihrer Sprache meist sehr verlangsamt war und oft wie in Trance wirkte, mir im Gruppengespräch einen sehr einfühlsamen Rat gab. Und ich empfand es wie ein kleines Wunder, als eine junge Frau, die nie ein einziges Wort sprach und fast den ganzen Tag zusammengekauert auf ihrem Bett saß, einer anderen Patientin, die sie mit in den Speisesaal nehmen wollte, plötzlich ein strahlendes dankbares Lächeln schenkte.

Wir sollten deshalb auch in unserem Leben das sehen, was wir uns unter den schwierigen Bedingungen des eigenen Lebens an Gutem gerettet haben. Wir können das, was wir haben, unseren Mut, immer wieder gegen unsere Krankheit anzukämpfen, die kleinen Gesten der Mitmenschlichkeit, zu denen wir auch im Leiden noch fähig sind, aber auch die Stunden des schwer erstrittenen Glücks Gott als unsere Gabe hinhalten und er wird sie wie den Pfennig der Witwe zu schätzen wissen.

Wir sind keineswegs die einzigen Menschen, deren Lebensentwürfe durch Schicksalsschläge einen Riss erhalten. Auch Menschen, die an körperlichen Behinderungen leiden oder in jungen Jahren sterben müssen, stehen vor der gleichen Frage, ob das, was ihnen an Lebensmöglichkeiten geblieben ist, genug ist, um in ihrem Leben Sinn zu finden. Thomas Schwaiger, ein Pfarrer, der Aidskranke begleitet, die frühzeitig mit dem Sterben konfrontiert werden, schrieb für Menschen in dieser Situation das folgende Gedicht:

Ikone

Wenn du sagst:
Es ist zu wenig,
dann gib das Wenige,
das dir heilig ist,
in die Mitte,
und
umgib es mit Gold,
und lass es glänzen.

Male die Ikone
Deines Lebens.

Dieses Gedicht zeigt eine Einstellung, die trotz aller Verluste weiterführen kann. Es geht darum, zu sehen, was trotz aller Einschränkungen gelungen ist, und sich selbst für das Respekt zu erweisen, was unter den schwierigen Bedingungen des eigenen Lebens an Gutem gerettet werden konnte.

3. Psychische Heilung und spirituelles Heil

Die Überzeugung, dass jede Form der Liebe, die uns trotz unserer psychischen Einschränkungen möglich ist, und mag sie in ihrem Umfang noch so bescheiden und unvollkommen erscheinen, unserem Leben Sinn verleiht, bedeutet, dass wir das Gelingen unseres Lebens nicht mit dem glücklichen Verlauf unseres Heilungsprozesses gleichsetzen müssen.

Es ist sehr wünschenswert, aus dem Gefängnis von Ängsten und Depressionen auszubrechen, die eigenen Kräfte zu entfalten, und das Leid in unser Leben zu integrieren. Als Jesus gefragt wird, ob er der Messias ist, der das Heil bringt, antwortet er: „Blinde sehen, Lahme gehen, Aussätzige werden rein..." (Mt 11, 5) Zunächst einmal ging es Jesus also darum, die Menschen von ganz konkreten Leiden zu befreien. Die Heilung von Blindheit und Lahmheit bedeutete das Eröffnen von mehr Lebensmöglichkeiten und Lebensfreude. Auch die Befreiung von der Last der Depression und allen anderen Folgen des Traumas gehört zu dieser Dimension des Heils, zum Glück. Aber nicht unser ganzes Menschsein ist vom Erreichen dieser Ziele abhängig. Gleichgültig, wieweit wir auf dem Weg unserer Heilung vorankommen, hat unser Leben auf jeder Stufe unserer persönlichen Entwicklung den gleichen Wert und enthält die Möglichkeit, unsere Menschlichkeit in Liebe zu verwirklichen. Wenn Jesus mit den Worten „Gott, mein Gott, warum hast du mich verlassen?" auf den Lippen starb, wie es das Markusevangelium berichtet, dann war er nach menschlichen Maßstäben gescheitert. Er erfuhr seinen Tod nicht in einem Zustand der Annahme und des inneren Friedens, er war ausgestoßen aus der menschlichen Gemeinschaft, und wurde dennoch von Gott in unendlicher Liebe gehalten und zu neuem Leben auferweckt.

Wenn wir den Glauben an Kreuz und Auferstehung Jesu als Glauben daran verstehen, dass der Leidende noch in tiefster Not von Gottes Liebe umfangen ist, dann gibt es einen wesentlichen Unterschied zwischen Heil und Heilung, obwohl zwischen beiden eine Beziehung besteht. Gelungenes Leben, Heil im religiösen aber nicht ausschließlich jenseitigen Verständnis, ist möglich, auch wenn Therapie misslingt. Andererseits ist die Überwindung psychischer Einschränkungen weder selbst schon religiöses Heil noch eine unverzichtbare Voraussetzung dazu.

Diese Unterscheidung zwischen psychischer Heilung und spirituellem Heil wird in manchen Therapien verwischt, in die esoterisches oder östliches Denken Eingang findet. Ein Beispiel für eine verhängnisvolle Verbindung zwischen einem Weg psychischer Heilung und einem quasi religiösen Heilsversprechen ist die sehr populäre Theorie der „Aussöhnung mit dem inneren Kind" von E. Chopich und M. Paul. Sie soll hier nicht als begrenzt nützliche therapeutische Methode in Frage gestellt werden, sondern als eine weltanschauliche Lehre, die mit sehr weitgehenden moralischen Wertungen verbunden ist. Therapie ist hier nicht mehr bloß darauf ausgerichtet, das Leben nach eigenen Maßstäben bewältigen zu können, sondern dient der Erreichung eines „höheren Selbst", eines Zustandes, der die Alltäglichkeit unseres Lebens übersteigt. „Wir definieren das höhere Selbst als unsere Ganzheit, unsere Fähigkeit zu lieben und unser Gefühl persönlicher Stärke als unsere wahre Identität. Es ist das, was wir sind, wenn wir mit dem Universum verbunden sind... Wir sind dann in dem wunderbaren Zustand, der uns befähigt, aus unserer Weisheit schöpfen zu können, aus der Weisheit, die direkt aus dem Universum fließt."[19]

Problematisch ist hier nicht nur, dass hier Erwartungen geweckt werden, die zu Enttäuschungen führen müssen. Es ist auch der Glaube an die Machbarkeit menschlicher Selbstverwirklichung mithilfe therapeutischer Technik, der bedenklich ist. Indem suggeriert wird, es läge völlig in der Hand jedes Einzelnen, sich für das Erreichen dieses Zustandes der Erfüllung zu entscheiden, indem er eine bestimmte therapeutische Methode anwendet, wird die Leistungsideologie unserer Gesellschaft vom wirtschaftlichen in den psychologischen Bereich übertragen. Diejenigen, die dieses Ziel nicht erreichen, werden nicht nur als Versager dargestellt, sondern sie werden auch noch als „lieblose Erwachsene" moralisch entwertet und für alles Leid in der Welt verantwortlich gemacht.

Eine andere Auffassung vom Zusammenhang von Heil und Heilung als im Christentum findet sich auch dort, wo Traumatherapie in den Rahmen eines vom östlichen Denken beeinflussten Verständnisses von spirituellem Wachstum eingebettet wird. So versucht Ursula Wirtz, die sich dabei an Jung anlehnt, Traumaheilung mit einer Aktivierung verschiedener Chakren in Verbindung zu setzen, an deren Ende, das jedoch nicht mehr in den Bereich der Therapie fällt, die Erfahrung der All-Einheit steht.[20] Auch andere TherapeutInnen, die meditative Methoden östlicher Religionsgemeinschaften aufgreifen, um zu einer bewussteren Lebensführung anzuregen, lassen sich bei diesem Anliegen von Überzeugungen leiten, deren Zugehörigkeit zu bestimmten religiösen Einstellungen nicht deutlich erkennbar ist. Die Auffassung, dass derjenige, der auf der höchsten Stufe spirituellen Wachstums angekommen ist, keine Therapie mehr braucht, während derjenige, der noch Therapie braucht, nicht die höchsten Stufen der Religiosität erreichen kann, ergibt

---

[19] Chopich, / Paul, S. 53.
[20] Wirtz, S. 193.

sich aus der Gleichsetzung spiritueller Erfahrung mit dem Erreichen einer höheren Bewusstseinsebene. Sie wird in den östlichen Religionen durch eine vielfältig entwickelte kontemplative Praxis erreicht.

Obwohl Kontemplation auch im christlichen Glauben eine feste Verwurzelung und eine lange Tradition hat, ist sie nicht der einzige und nicht der vordringlichste Ort der Gotteserfahrung, nicht der wichtigste Ort der Erfahrung von religiösem Heil. Ort der Gotteserfahrung können im christlichen Glauben aber gerade auch diejenigen Zustände tiefsten Leids sein, die der spirituell ausgerichtete Mensch nach buddhistischer Auffassung bereits überwunden hat. Wenn es diese Erfahrungen nicht geben würde, wie sie in der Hioberzählung beschrieben sind, dann würde der christliche Glaube an den Leiderfahrungen der Menschheit zerbrechen. So sagt der Theologe E. Zenger: „Wenn wir es wagen, im Angesicht leidender Menschen ohne Heuchelei von Sinn und von Gott zu reden, dann nur, weil es eben ungezählte Ungenannte gegeben hat, die Gott auch in der Nacht ihres Leidens noch angerufen und darin Lebenskraft und Hoffnung im Sterben gefunden haben."[21]

Spirituelle Begegnung mit jenem über alle menschliche Vorstellungskraft hinausgehenden Geheimnis, das wir in der jüdisch-christlichen Tradition „Gott" nennen, ist nicht unbedingt ein „Gipfelerlebnis", sie ist nicht gleichzusetzen mit einem Zustand erweiterten Bewusstseins und auch kein Gefühl von tiefer Ruhe und Gelassenheit. Es kann zu den bittersten Begleiterscheinungen psychischer Krankheit gehören, dass eine derartige Religiosität dem Erleben verschlossen bleibt. Aber die Erfahrung der göttlichen Gnade findet nach Darstellung des Theologen K. Rahner auch und gerade dort statt, „wo eine Verantwortung in Freiheit auch dort noch angenommen und durchgetragen wird, wo sie keinen angebbaren Ausweis an Erfolg und Nutzen mehr hat, ...

wo die bruchstückhafte Erfahrung von Liebe, Schönheit, Freude als Verheißung von Liebe, Schönheit, Freude schlechthin erlebt und angenommen wird, ohne in einem letzten zynischen Skeptizismus als billiger Trost vor der letzten Trostlosigkeit verstanden werden,

---

[21] Zenger, 1996, S. 15.

wo der bittere, enttäuschende und zerrinnende Alltag heiter gelassen durchgestanden wird bis zum angenommenen Ende aus einer Kraft, deren letzte Quelle von uns nicht noch einmal gefasst und so uns untertan gemacht werden kann,

wo man in eine schweigende Finsternis hinein zu beten wagt und sich auf jeden Fall erhört weiß, obwohl von dort her keine Antwort zu kommen scheint, über die man noch einmal räsonieren und disputieren kann, …

wo die Verzweiflung angenommen und geheimnisvoll nochmals als getröstet ohne billigen Trost erfahren wird, … da ist Gott und seine befreiende Gnade".[22]

Solche Erfahrungen der Gnade Gottes gibt es auch in seelischen Krisenzeiten, auch wenn das in diesem Moment vielleicht nicht so empfunden wird. Wenn ein Mann stundenlang auf einer Brücke steht im Gedanken, seinem Leben ein Ende zu setzen, und dann doch nach Hause geht oder wenn eine Frau, die morgens aufwacht mit dem bleiernen Gefühl der Depression in den Gliedern, es dennoch schafft, ihren Kindern ein Frühstück zu bereiten, und in unzähligen anderen Situationen, in denen die Krankheit einen Menschen an die Grenzen des Nichts treibt, und er dennoch weiter lebt, auch wenn kein „Weiter" mehr möglich scheint, dann können wir darin eine Ahnung von etwas verspüren, was über die Kraft des Menschen hinausgeht. Und vielleicht erkennen wir auch erst im Rückblick auf Zeiten seelischer Not, wenn wir es wagen, die Momente der Verzweiflung und der Hoffnungslosigkeit noch einmal in den Blick zu nehmen, dass wir in all dem doch getragen und behütet waren.

Ausdruck einer solchen Erfahrung des Heilseins im Leid ist auch das folgende Gedicht. Es wurde von einer Frau geschrieben, mit der ich befreundet bin, und die nach langen vergeblichen Therapiebemühungen, in denen sie mehrfach die Wiederholung ihrer traumatisierenden Kindheitserfahrungen erlebte, noch immer von Ängsten und Depressionen gequält wird.

---

[22] Rahner, S. 234ff.

Erwachen

Heil und unverletzt
Schlummert in jeglichem Sein
das Wesen der Tausend Namen
und wartet darauf
uns zu heilen

Auch in jedem Menschen
verborgen von Anbeginn an
muss doch Jeder und Jede
es neu zur Welt bringen
darin sind wir gleich

Unberührt aller Verletzung
die wir vielleicht in unserer
Menschenkindschaft davontrugen
liegt hier der Samen
unserer Vollendung

Die Entstehung dieses Gedichts in einer Situation, die fast aussichtslos scheint, weil die Hilfe selbst zum Trauma wurde und die neue Suche nach Hilfe von außen fast unmöglich macht, zeigt, dass es eine Erfahrung von Heil gibt, die nicht mit dem Verschwinden der Symptome von Angst und Schmerz identisch ist. Es ist ein Heil, das uns nicht genommen werden kann, auch wenn unsere Lebensmöglichkeiten durch Krankheit noch verborgen und eingeschlossen sind wie in einem Samenkorn. Zu spüren, dass wir in unserem Inneren auf geheimnisvolle Weise Anteil am Göttlichen haben, wie immer wir es nennen mögen, ermutigt, immer wieder neu zu versuchen, das, was in uns als unser Wesen angelegt ist, zur Entfaltung zu bringen. Das tiefe Wissen um eine Kraft, die in unserem Inneren verborgen ist und doch größer ist als wir, hält die Hoffnung auf Heilung aufrecht, die wir schon manchmal als gegenwärtig erfahren, auch wenn sie noch nicht unser ganzes emotionales und körperliches Sein umfasst.

Die Erfahrung dieses Heilseins, das auch Bestand hat in tiefster Not wird von dem Propheten Jesaja in die Worte gefasst: „auch wenn du durch Feuer gehst, wirst du nicht verbrennen." (Jes 43,2) Die Auseinandersetzung mit den traumatischen Erfahrungen der Kindheit ist sicherlich ein Gang durch das Feuer. Die Erfahrung dieses Heilseins löscht nicht die schmerzenden Flammen auf der Haut. Sie brennen trotzdem. Diese Erfahrung erfüllt nicht mit überquellender Lebensfreude, sie macht nicht spontan und kreativ und auch nicht erfolgreich. Sie ist jedoch wie ein Licht, das in ferner Dunkelheit aufleuchtet und ein Ziel und eine Richtung angibt, auf die hin wir uns zu bewegen, und das uns täglich neu antreibt, uns trotz allem nicht aufzugeben und den nächsten vielleicht winzig kleinen Schritt zur Heilung zu gehen.

4. Hoffnung auf neues Leben

Wenn irgendwann nach langen Anstrengungen die ersten Tage kommen, in denen die Last der Vergangenheit aus unserem Erleben weicht, dann findet mitten in unserem Leben eine Auferstehung statt, die Leib und Seele aus dem Gefängnis des Leids befreit. Der Körper verkrampft sich nicht mehr nach Gesetzen, die die Gewalt ihm aufgezwungen hat, sondern der Herzschlag und der Atem geben mit ihrem gleichmäßigen Rhythmus ein Gefühl von lebendiger Kraft und ruhiger Gelassenheit. Die Haut zieht sich nicht mehr bei jeder leisen Berührung erkaltend zusammen, sondern verwandelt zärtliche Gesten in ein Gefühl von Freude und Geborgenheit. Die Gedanken kreisen nicht mehr ununterbrochen um erfahrene Verletzungen, sondern verweilen in unserer Gegenwart und entwerfen Visionen von einer glücklicheren Zukunft. Wir hören auf, uns selbst zu verurteilen und abzuwerten, und empfinden ein Gefühl der Achtung für uns selbst. In der Gemeinschaft mit anderen Menschen zerfällt die unsichtbare Mauer, die uns inmitten von Menschen zur Einsamkeit verdammte, und wir sind wieder fähig, tiefe innere Verbundenheit zu erfahren. Unsere Klage vor Gott und unsere flehenden Bitten nach Beistand machen dem Bedürfnis Platz, Dank zu sagen für das neue Leben, das uns geschenkt ist.

166

Für solche Momente schrieb Marie-Luise Kaschnitz das folgende Gedicht:

Manchmal stehen wir auf.
Stehen wir zur Auferstehung auf
Mitten am Tage
Mit unserem lebendigen Haar
Mit unserer atmenden Haut.
Nur das Gewohnte ist um uns.
Die Weckuhren hören nicht auf zu ticken.
Ihre Leuchtzeiger löschen nicht aus.
Und dennoch leicht
Und dennoch unverwundbar
Geordnet in geheimnisvolle Ordnung
Vorweggenommen ein Haus aus Licht.

Marie Luise Kaschnitz

Aber leider vollzieht sich Heilung nur selten in einem kurzen unumkehrbaren Schritt. Es ist hart und bitter, wenn wir nach solchen befreienden Erfahrungen doch noch wieder von den Schrecken der Vergangenheit eingeholt werden. Wenn dann die dunklen Wolken unserer Krankheit wieder einmal unsere aufkeimende Lebensfreude bedrohen, ist es schwer, die Hoffnung auf endgültiges Heil aufrechtzuerhalten.

Wir erleben in solchen Phasen des Hin- und Hergerissenseins zwischen Stunden aufbrechenden Glücks und Stunden bedrückender Niedergeschlagenheit besonders intensiv den Zustand zwischen dem schon jetzt möglichen Heil und der noch nicht erreichbaren Vollendung, die nach christlichem Glauben für das Leben aller Menschen kennzeichnend ist. Auch wer nie ein schweres Trauma erlitten hat, oder von den Folgen des Traumas ganz geheilt ist, bleibt gefährdet durch Unglück und Leid. So sehr wir uns auch bemühen mögen, wir können uns nicht selbst erlösen.

Christlicher Glaube besagt jedoch auch, dass wir uns im Letzten auch nicht selbst erlösen müssen, weil Gott derjenige ist, der uns

Vollendung schenken wird. Dies ist kein billiger Trost, der dem, was hier und heute geschieht, keine Beachtung schenkt, sondern eine Hoffnung, die hilft, die Gegenwart zu bestehen. Mir war dieser Gedanke vor allem in einer Zeit wichtig, als ich mich während meiner Therapie in einer völligen Sackgasse fühlte und zweifelte, überhaupt noch jemals einen Schritt aus meiner Krankheit heraus finden zu können, und er begleitet mich auch jetzt noch oft, wenn ich auf meinem Heilungsweg Rückschläge erlebe. Dann ist es wichtig zu wissen, auf mehr hoffen zu dürfen, als wir in diesem Leben aus eigener Kraft erreichen.

Heilung vollzieht sich langsam, meist langsamer als man hofft und ersehnt. Träume liegen brach, Gelegenheiten ziehen vorbei. Manche unserer Fähigkeiten werden vielleicht nie eine Chance zur Entwicklung bekommen, manche Situationen bleiben vielleicht zu Angst besetzt, um jemals bestanden zu werden. Dann ist es wichtig, sich vor Augen zu führen, dass wir als die Persönlichkeit, die wir am Ende unseres Lebens sind, wie unvollkommen, wie unausgereift und fehlentwickelt wir auch immer sein mögen, von Gott aufgenommen und zu unserem wahren Wesen befreit werden.

Dieser Gedanke ermöglicht es auch, eine Hoffnung für alle diejenigen aufrechtzuerhalten, deren Heilungsbemühungen scheitern. Wenige Wochen nach der Entlassung aus der Klinik starb eine Mitpatientin von mir an den Folgen jahrelangen Medikamentenmissbrauchs. Mir wurde dadurch sehr eindringlich bewusst, dass noch immer viele den Weg aus der Last des Traumas nicht herausfinden, sondern durch Drogen, Alkohol oder eigene Hand viel zu früh aus dem Leben gehen. Christlicher Glaube bezieht auch diejenigen in seine Hoffnung ein, die in der menschlichen Geschichte von Gewalt besiegt, in ihren Befreiungsbemühungen gescheitert und bei ihren Lebenschancen zu kurz gekommen sind.[23]

Ohne diese Hoffnung erliegen wir all zu leicht dem Hang zur Verdrängung, denn es gehört zu den menschlichen Eigenarten, dass vergangenes Leid so schnell wie möglich vergessen wird. Wenn eine Patientin sagt, Traumaheilung sei wie ein Krieg, aber wenn

---

[23] Vgl. Metz, S. 103.

man ihn gewonnen hätte, würde daraus ein guter Krieg, dann vollzieht sich der gleiche Mechanismus, wie bei manchen Kriegsveteranen, die im vergangenen Krieg nur das bestandene Abenteuer sehen und das vergangene Leid verharmlosen.

Doch es ist die Aufgabe der Überlebenden, die Erinnerung an die Leiden des Traumas wachzuhalten und seine Geschichte weiterzuerzählen, weil nur so ein Prozess der Veränderung stattfinden wird, der nicht nur für den Einzelnen, sondern für die gesamte Gesellschaft Veränderungen bewirkt.

In der Erinnerung an das vergangene Leid erwacht die Sehnsucht nach einem anderen besseren Leben auch für die von der Gewalt Besiegten. Diese Sehnsucht gibt uns die Kraft, immer wieder aufzustehen und neu zu beginnen, in der Hoffnung, dass einmal alle unsere Tränen gezählt sind und getrocknet werden.

C. Spirituelle Wegbegleitung

1. Gebete

Zurückblicken

Gott,
ich weiß nicht,
wie ich dich anreden soll,
noch nicht einmal,
ob du mich überhaupt hörst.
Zweifel leben in mir,
ob du da bist,
ob du für mich da bist.

Aber ich habe gehört von dir
Als Quelle heilender Liebe.
Das hat Körner der Sehnsucht
unter meinen Zweifel gestreut.

Nur mit einem Funken Hoffnung,
so will ich mich jetzt,
Gott, nach deiner heilenden Liebe
ausstrecken.
Ich will aussprechen,
was mir so wehgetan hat
und noch wehtut.

Ich denke an meine Kindheit zurück,
spüre noch jetzt den Mangel
an bedingungsloser Liebe,
Zuwendung und Anerkennung.
Manches Wort meiner Eltern
sitzt in mir wie ein Stachel.
Ihr Versuch, mich an sie zu binden,
ihre Erwartung, dass ich meine
Aggressionen gegen sie unterdrücke,
ihr Streit, der mich erschreckte,
ihr Überfordern und Korrigieren,
das ohnmächtige Wut in mir weckte,
all das hat mein Selbstwertgefühl verletzt.
Ich ahne Gott, wo meine Eltern
durch Vernachlässigung oder
Überbehütung
Meine Lebensentwicklung hemmten.
Und vielleicht liegt es an meinem eigenen Vater,
dass ich zu dir, Gott,
noch nicht Vater sagen kann.

Ich denke an meine Ehe
oder an mein Alleinsein,
an den Partner, den ich habe,
oder an den, den ich vermisse.
Da ist so viel Verbitterung in mir
Über versäumte Möglichkeiten und unerfüllte Sehnsüchte.
Da ist so viel Enttäuschung
Über dumpfes Aneinander-Vorbeileben.

Da sind abgebrochene Träume,
Worte, die verletzen,
Wunden, die nicht heilen wollen.

Ich denke
an meinen beruflichen Werdegang.
Mancher Weg wurde mir verbaut,
manche Chance gestohlen.
Mir hat wehgetan,
wenn Konkurrenten mir vorgezogen,
meine Leistungen übergangen,
meine Fähigkeiten unterschätzt wurden.
Mein eintöniger Berufsalltag
hat mich bitter und stumpf werden lassen.

Ich denke an Verletzungen
durch Kirche und Christen:
So viele hohle Worte,
so wenig glaubwürdiges Leben.
Ich denke auch an Verletzungen,
die ich mir selbst zufügte:
durch ständiges Herumnörgeln an mir,
durch Selbstverneinung und
Selbstüberforderung.

Gott,
da ist so viel, was in mir weint.
Manches kann ich noch nicht aussprechen.
Und noch immer weiß ich nicht,
ob du für mich bist.
Aber wenn,
dann bitte ich dich jetzt:
Komm du mit der Kraft
Deiner heilenden Liebe in mein Leben.
Zieh du die Verbitterung und den Groll
aus meinen schmerzhaften Erinnerungen.
Fang an, meine Wunden zu heilen.
Amen.

Für eine Freundin

Heute bekam ich einen Anruf und erfuhr,
dass meine Freundin tot ist.
Sie konnte nicht mehr mit den Albträumen ihrer Erinnerungen
                                                          leben,
und so beschloss sie den Kampf zu beenden,
indem sie sich das Leben nahm.

Als ich es hörte, war ich so zornig.
Zornig über den Schmerz, die Verletzung, das Unrecht,
das ihr zugefügt wurde.
Ich wollte mit niemandem sprechen.
Ich wollte mit dir nicht sprechen.

Und nun, Gott, weiß ich nicht,
was ich über meine Freundin sagen soll.
Sie kämpfte solange, sie litt so sehr.
Und nun ist sie fort.

Bitte nimm sie in deine mütterlichen Arme
und halte sie nun schließlich fest.
Bitte lehre sie nun, was das Leben sie nie lehren konnte,
dass du für sie sorgst, sie tröstest und liebst.

Und während ich vor dir stehe, trauernd und erinnernd,
gib mir die Standhaftigkeit, die Wahrheit zu sagen und
gib mir die Gnade, in meinem Überleben fortzufahren. Amen.

Nach Catherine Foote

*

172

An den, dessen Gegenwart neues Leben ist

Mitten in den Erinnerungsblitzen, Angstattacken und
        Fehlfunktionen
geschieht etwas Wunderbares mit uns allen.
Unsere Antwort auf deine Wahrheit befreit uns von alten Rollen.
Vertrauen durchbricht alte Gedankenmuster.
Veraltete Glaubenssätze fallen in sich zusammen.
Tief verwurzelte Lügen werden zerstört.
Ferien werden Zeiten der Erholung.
Beziehungen beginnen uns mit Freude zu erfüllen.
In unseren Häusern erklingt ein Lachen. Unsere Kinder spielen.
Richtiges Denken ersetzt allmählich unsere Flucht in die Fantasie.
Familienmitglieder teilen sich Verantwortung.
Wir bauen Netzwerke gegenseitiger Unterstützung.
Wir setzen in unserem täglichen Leben Grenzen durch.
Gute Erinnerungen werden zu Alltäglichkeiten.
Unsere Anstrengungen werden mit Wachstum belohnt.
Wir sind wahrhaftig gesegnet.
Amen.

Nach Amelia O'Dea

Verwurzelt geborgen

An dir halte ich mich fest Gott
Baue auf dich meine Zukunft
Dass du bei mir bist mir hilfst aus Lähmung und Mutlosigkeit.

Fernnahe Freundin in deine Wahrheit will ich mich gründen
Verwurzelt geborgen in göttlicher Lebensmacht
Weit und klar werden meine Gedanken wenn ich dich spüre
Ich kann wieder fühlen mich freuen an meinem Dasein

Zum Sterben müde bin ich gewesen Gott schwer war mir jeder Tag
Und kalt meine Welt in taubes Schweigen versunken
Durch die Straßen ging ich als Fremde war ohne Zuhause
Mein Weinen wollte niemand sehen meine Klage nicht hören
Kalt lächelten sie
Warfen mit klugen Sätzen nach mir wie mit Messern
Ich lebte unsichtbar hatte keine Kraft mehr
Zerbrochen war ich zersplittert in tausend Scherben

Da wandte ich mich an dich Gott
Schrie um Hilfe so laut ich nur konnte
Einfach ins Leere habe ich gerufen kannte dich nicht
Du aber hast mich gehört mich angerührt mit deiner Liebe
Dafür will ich dir danken Gott dich erzählen und singen
Die dich brauchen beschenkst du mit Wärme und Hoffnung
Bist Quelle des Lebens und Kraft für uns alle
Gestärkt sind wir durch dich gespeist und getröstet
Als deine Geliebten gehen wir weiter von Tag zu Tag.

Carola Moosbach

*

Das ist dein Leben

Wenn du morgens erwachst,
liegt etwas Wundervolles
auf dir:
es dein Leben.

Es ist dein Leben,
wenn einer kommt,
um Glück und Liebe
und Schwäche mit dir zu teilen.

gebracht wird: die Salbung, die in der katholischen Kirche heute noch im Sakrament der Krankensalbung praktiziert wird. Die Salbung drückt die Kostbarkeit des Gesalbten aus und ist ein Zeichen für die Anteilnahme, den Beistand der Gemeinschaft und Gottes. Die Theologin Rosemary Radford Ruether hat dieses alte Ritual für Frauengruppen in eine neue Form gebracht.

„Mehrere Frauen gehen zu der misshandelten Frau und salben ihren Körper mit duftendem Öl. Dabei sagen sie: ‚Dieses Gesicht (diese Hand, diese Brust, dieser Rücken, dieses Bein) wurde geschaffen, um die Energie des Lebens zu fühlen und zu genießen. Sie wurden zum Objekt der Gewalt und zur Quelle von Schmerz gemacht. Wirf diesen Schmerz von dir. Befreie dich von der Demütigung. Sei geheilt.'
Die Frauen umringen sie, legen ihr von allen Seiten die Hände auf und beginnen zu summen... Die misshandelte Frau steht auf und stellt sich mit den anderen in den Kreis. Sie sprechen gemeinsam:

‚Wir sind hier, um der Gewalt ein Ende zu machen –
Wir werden sie beenden.
Wir sind hier, um die Verletzten zu heilen –
Wir werden sie heilen.
Wir sind hier, um zu helfen –
Wir werden einander helfen.
Wir sind hier, um neu anzufangen –
Wir werden neu anfangen.
Wir sind hier, um das System zu verändern –
Wir werden es verändern.
Wir treten gemeinsam hinaus in die Freiheit –
Wir werden uns befreien.
Wir schaffen eine neue Welt, eine Welt der Sicherheit und des Glücks, wo Frauen, Männer und Kinder gemeinsam ohne Angst leben können –
Wir werden diese Welt schaffen.
Das Alte endet, das Neue beginnt –

Dies ist der Ort.
Das Schweigen endet, Widerstand und Veränderung beginnt –
Wir sind die Handelnden, und wir werden handeln.
Das ist unser fester Wille!'"

Rosemary Radford Ruether

Literaturverzeichnis

A. Psychologische Literatur

Bass, Ellen, Davis, Laura: Trotz allem. Wege zur Selbstheilung für sexuell mißbrauchte Frauen. 9. Aufl. Berlin. 2000.

Becker-Fischer, Monika, Fischer, Gottfried: Sexuelle Übergriffe in Psychotherapie und Psychiatrie. In: Schriftenreihe des Bundesministeriums für Familie, Senioren, Frauen und Jugend. Freiburg. 1995.

Borysenko, Joan: Feuer in der Seele. 2. Aufl. Freiburg. 1995.

Bundesministerium für Familie, Senioren, Frauen und Jugend (Hg.): 10. Kinder- und Jugendbericht. Bericht über die Lebenssituation von Kindern und die Leistungen der Kinderhilfen in Deutschland. 1998.

Canacakis, Jorgos: Auf der Suche nach den Regenbogentränen. Heilsamer Umgang mit Abschied und Trennung. 4. Aufl. München. 1994.

Chopich, Erika, Paul, Margaret: Aussöhnung mit dem inneren Kind. 7. Aufl. Berlin. 1999.

Engfer, Annette: Kindesmißhandlung und Vernachlässigung. In: Oerter/Montada (Hg.): Entwicklungspsychologie. 4. Aufl. Weinheim. 1998

Filipp, Sigrun-Heide: Entwurf eines heuristischen Bezugsrahmens für die Selbstkonzept-Forschung. In: dies. (Hg.): Selbst-Konzept-Forschung. Stuttgart. 1979.

Frankl, Victor: Die Sinnfrage in der Psychotherapie. 4. Auflage, München. 1992.

Foote, Catherine: Survivor Prayers. Louiseville, Kentucky. 1994.

Gilligan, Carol: Die andere Stimme. Lebenskonflikte und Moral der Frau. München. 1984.

Herman, Judith Lewis: Die Narben der Gewalt. München. 1998.

Herringer, Norbert: Empowerment. In: Stimmer, Franz (Hg.): Lexikon der Sozialpädagogik. 4. erw. Aufl. München. Wien. 2000.

Ders.: Empowerment in der sozialen Arbeit: eine Einführung. Stuttgart. Berlin. Köln. 1997.

Holderegger, Hans: Der Umgang mit dem Trauma. 2.erw. Aufl. Stuttgart. 1998.

Jung, Carl Gustav: Gesammelte Werke. Bd. 18. Olten. 1981.

Kast, Verena: Imagination als Raum der Freiheit. Dialog zwischen Ich und Unbewußtem. Olten. 1988.

Dies.: Vom Sinn der Angst. Freiburg. 1996.

Kavemann, Barbara, Lohstöter, Ingrid: Väter als Täter. Sexuelle Gewalt gegen Mädchen. Hamburg. 1984.

Kutter, Peter: Lösbare, ungelöste und unlösbare Schuldgeschichten. Bemerkungen eines Psychoanalytikers zu Schuld, Schuldgefühlen und Verzeihen. In: Finsterbusch, Karin: Müller, Helmut (Hg.): Das kann ich dir nie verzeihen!? 2. erw. Auflage. Göttingen. 1999.

Lambrou, Ursula: Familienkrankheit Alkoholismus. Im Sog der Abhängigkeit. Hamburg. 1990.

Leist, Marlene: Kinder begegnen dem Tod. Gütersloh. 1979.

Lison, Karen, Poston, Carol: Weiterleben nach dem Inzest. Traumabewältigung und Selbstheilung. Hamburg. 1989.

Mangakis, Georgios, Brief an die Europäer. Aus: Amnesty International, Bericht über die Folter. Frankfurt/M. 1975

Mayr, U.: Da muß etwas gewesen sein. In: Psychotherapeut. 4/1998.

Miller, Alice: Am Anfang war Erziehung. Frankfurt. 1980.

Peichl, Joachim: Psychotherapeutische Techniken bei traumabedingten Störungen – eine Zwischenbilanz. In: Persönlichkeitsstörungen. Theorie und Therapie. 3/1997.

Reddemann, Luise, Sachsse, Ulrich: Kritisches zur traumazentrierten Psychotherapie. „Zu Risiken und Nebenwirkungen…" In: Persönlichkeitsstörungen. Theorie und Therapie. 2/1997.

Dies.: Stabilisierung. In: Persönlichkeitsstörungen. Theorie und Therapie. 3/1997.

Reddemann, Luise: Trauer und Neuorientierung. In: Persönlichkeitsstörungen. Theorie und Therapie. 2/1998.

Ringel, Erwin: Das Leben wegwerfen? Freiburg. 1978.

Ders.: Selbsttötung. In: Hörmann, Karl: Lexikon der christlichen Moral. Innsbruck. 1976.

Salter, Anna C.: Transforming Trauma. Oaks. u.a. 1995.

Scheithauer, Hans-Peter, Petermann, Franz: Zur Wirkungsweise von Risiko- und Schutzfaktoren in der Entwicklung von Kindern und Jugendlichen. In: Kindheit und Entwicklung. 8/1 1999.

Schuchardt, Erika: Warum gerade ich…? Leiden und Glaube. 7. Erw. Aufl. Göttingen. 1993.

Wirtz, Ursula: Seelenmord. Inzest und Therapie. Zürich. 1989.

B. Theologische Literatur

Auer, Alfons: Geglücktes Altern. Freiburg. 1995.

Bail, U.: Von der Langsamkeit der Vergebung. In: Eichler, U., Müllner, Ilse: Sexuelle Gewalt gegen Mädchen und Frauen als Thema der feministischen Theologie. Gütersloh. 1999.

Bernhard v. Clairvaux: An Papst Eugen III. In: Schellenberger (Hg.): Bernhard v. Clairvaux. Freiburg. 1982.

Bleistein, Roman: Türen nach innen. Wege aus der Angst in die Freiheit. München. 1989.

Buber, Martin: Ich und Du. In: ders.: Das dialogische Prinzip. Gerlingen. 6. Aufl. 1992.

Deissler, Alfons: Ich bin dein Gott, der dich befreit hat. Freiburg.1975.

Eichler, U., Müllner, Ilse: Sexuelle Gewalt gegen Mädchen und Frauen als Thema der feministischen Theologie. Gütersloh. 1999.

Fuchs, Otmar.: Die Klage als Gebet. München.1982.

Gnilka, Joachim: Das Evangelium nach Markus. Bd. 1. Zürich.u.a. 1978.

Greshake, Gisbert: Der Preis der Liebe. Besinnung über das Leid. 6. Aufl. Freiburg. 1982.

Grom, Bernhard: Damit das Leben gelingt. München. 1997.

Häring, Bernhard: Das Gesetz Christi. 2. Aufl. Freiburg. 1955.

Harrison, B.: Die neue Ethik der Frauen. Kraftvolle Beziehungen statt bloßen Gehorsams. Stuttgart. 1991.

Heyward, Carter: Und sie rührte sein Kleid an. Eine feministische Theologie der Beziehung. 2. Aufl. Stuttgart. 1986.

Holderegger, Adrian: Suizid und Selbstmordgefährdung. Freiburg. 1979.

Imbens-Fransen, Annie: Befreiende Gottesbilder für Frauen. München. 1997.

Jaschke, Helmut: Dunkle Gottesbilder. Freiburg. 1992.

Jung, Lisa von: Sexuelle Gewalt gegen Mädchen und Frauen. Ein Thema für Theologie und Kirche. In: Eichler/Müllner (Hg.). Gütersloh. 1999.

Lee, S.H.: Witness to Christ, Witness to pain: One woman's journey through wife battering. In: Milhaven, Annie Lally (Hg.): Sermons seldom hold. Women proclaim their lives. New York. 1991.

Leehan, James: Defiant hope. Spirituality for Survivors of family Abuse. Louisville. 1993

Luz, Ulrich.: Das Evangelium nach Matthäus. Bd. 3. Zürich. 1997.

Mausbach, Joseph: Katholische Moraltheologie. Bd. 2. Münster. 1959.

Metz, Johann Baptist: Glaube in Geschichte und Gesellschaft. 2. Aufl. Mainz. 1977.

Mollenkott, Virginia: Gott eine Frau? Vergessene Gottesbilder der Bibel. München. 1985.

Mulack, Christa: Und wieder fühle ich mich schuldig. Stuttgart. 1993.

Niggemeier, Margarete: Gespräche am Brunnen. Düsseldorf. 1994

O'Dea, Amelia: In a place of Flame, Omaha. 1998

Rahner, Karl: Schriften zur Theologie. Bd. 13. Zürich. 1978.

Reese, Annegret: Gewalt gegen Frauen: Macht und Geschlecht als Instrumente einer feministisch-theologischen Analyse. Münster. 1997.

Schüller, Bruno: Die Begründung sittlicher Urteile. 2. überarb. Aufl.. Düsseldorf. 1980.

Schweitzer, E.: Das Evangelium nach Matthäus. Bd. 2. Göttingen. 1981.

Seuse, Heinrich.: Deutsche mystische Schriften. Düsseldorf.1966.

Sölle, Dorothee: Die Hinreise. 4. Aufl. Stuttgart. 1975.

Dies.: Leiden. 4. Aufl. Stuttgart. 1978.

Strobel, Regula: Feministische Kritik an traditionellen Kreuzestheologien. In: Strahm, Doris: Strobel, R.: Vom Verlangen nach Heilwerden. Christologie in feministisch-theologischer Sicht. 2. Aufl. Luzern. 1993.

Wahl, Heribert: Glaube und symbolische Erfahrung. Eine praktisch-theologische Symboltheorie. Freiburg.1994.

Ders.: Symbolische Erfahrung: umgestaltete Beziehungserfahrung. In: Wege zum Menschen. Jg. 51. 1999.

Weber-Gast, Ingrid: Weil du nicht geflohen bist vor meiner Angst. Mainz. 1989.

Wiesel, Elie: Du hast mich heimgesucht bei Nacht. München. 1957.

Zenger, Erich: Durchkreuztes Leben. Freiburg. 1976.

Ders.: Mit meinem Gott überspringe ich Mauern. Einführung in das Psalmenbuch. Freiburg. 1987.

Wolf, Christa: Kindheitsmuster. Berlin-Weimar. 1976

Quellenhinweise

Heinz-Günter Beutler-Lotz, Voller Schmerz im Nebel, aus: ders., Bleibe bei uns, Herr: Krankengebete, Patmos Verlag, Düsseldorf 1985, S. 46–47. Rechte beim Autor

Joan Borysenko, Schließe die Augen..., aus: ders., Feuer in der Seele. Spiritueller Optimismus als Weg zu innerer Heilung, Hermann Bauer Verlag, Freiburg, 2. Auflage 1995, S. 249–251

Hilde Domin, Wen es trifft, aus: dies., Gesammelte Gedichte. © S. Fischer Verlag GmbH, Frankfurt am Main 1987

Sybille Fritsch, Lass unsern Tränen freien Lauf, aus: dies., Was mich beseelt, tvd-Verlag, Düsseldorf 1991, S. 88

Anne Granda, Gebet der liebenden Aufmerksamkeit, aus: Günther Lohr (Hg.), Exerzitien im Alltag. Geistliche Übungen für Advent, Fastenzeit und andere Anlässe im Jahr, Kösel Verlag, München 1998, S. 38–39

Astrid Hannapel, Erstarrung, aus: Ulrike Eichler/Ilse Müllner (Hg.), Sexuelle Gewalt gegen Mädchen und Frauen als Thema der feministischen Theologie. © Gütersloher Verlagshaus GmbH, Gütersloh, S. 189

Werner Kallen, Baumgebet, aus: ders., Zu Gast in deinen Zelten, Patmos Verlag, Düsseldorf 1990, S. 45. Rechte beim Autor

Marie Luise Kaschnitz, Manchmal stehen wir auf, aus: dies., Überallnie. Ausgewählte Gedichte 1928–1965, Claassen Verlag, München

Marie Luise Kaschnitz, Steht noch dahin, aus: dies., Gesammelte Werke, Band 5. © Insel Verlag, Frankfurt am Main 1982

Elisabeth Moltmann-Wendel, Schuldig gegenüber mir selbst, aus: dies., Mein Körper bin Ich. © Gütersloher Verlagshaus GmbH, Gütersloh, S. 77

Carola Moosbach, Schutzgebet; Rachepsalm; Verwurzelt geborgen, aus: dies., Gottflamme du Schöne. © Gütersloher Verlagshaus GmbH, Gütersloh, S. 37; 71; 74

Wolfgang Müller-Welser, Fange auf..., aus: ders., Weil du mich hältst: Gebete in kranken Tagen. © Verlag Herder, Freiburg, 1. Auflage 1993, S. 37

Sabine Naegeli, An unerträglichen Tagen; Im Ringen um Verzeihen, aus: dies., Du hast mein Dunkel geteilt. Gebete an unerträglichen Tagen. © Verlag Herder, Freiburg, 20. Gesamtauflage 2001, S. 20; 36

Rosemary Radford Ruether, Wir sind hier, um der Gewalt ein Ende zu machen, aus: dies., Unsere Wunden heilen, unsere Befreiung feiern. Rituale in der

Frauenkirche, Kreuz Verlag, Stuttgart 1988, S. 179

Thomas Schwaiger, Das ist dein Leben; Ikone. Rechte beim Autor

Annette Soete, Gott, mit einer Sintflut der Angst hast du mich ergriffen, in: Das Thema 28. Glauben erfahren. Herausgegeben von der Arbeitsgemeinschaft Frauenseelsorge Bayern, 1986, S. 64–65

Pierre Stutz, Unermüdliche Versöhnung, aus: ders., Heilende Momente. Gebärden – Rituale – Gebärden, Kösel Verlag, München 2000, S. 116

Pierre Stutz, Sehnsucht nach Heilung, aus: ders., Du hast mir Raum geschaffen, Claudius Verlag, München, S. 38

Wilhelm Wilms, gott ich bin auf dich zurückgekommen…, aus: ders., der geerdete himmel. © Verlag Butzon & Bercker, Kevelaer, S. 12